*Italian women writing*

## ITALIAN TEXTS

*general editor*    Professor David Robey, Department of Italian Studies,
University of Manchester

*founding editor*   Kathleen Speight

The Italian Texts series aims to make accessible to university and sixth-form students a wide range of modern writing, both literary and non-literary. The emphasis is on 20th-century texts in a variety of registers and voices, with a special interest in the relationship to Italian society and politics. In line with contemporary conceptions of Italian studies, the texts are chosen not only as an introduction to creative writing, but also as an introduction to the study of modern Italy. All texts are accompanied by a critical introduction in English, which sets the material in its social and cultural contexts, and by notes that elucidate the more complex linguistic constructions, as well as by an extensive vocabulary.

*currently available*

The Italian Resistance: an anthology
    ed. Phillip Cooke

Understanding the Mafia
    ed. Joseph Farrell

Pirandello Three Plays: *Enrico IV, Sei personaggi in cerca d'autore, La giara*
    ed. Felicity Firth

Fo *Morte accidentale di un anarchico*
    ed. Jennifer Lorch

Italian Journalism: a critical anthology
    ed. Robert Lumley

Pirandello *Novelle per un anno:* an anthology
    ed. C. A. MacCormick

*Novelle del novecento:* an anthology
    ed. Brian Maloney

Silone *Fontamara*
    ed. Judy Rawson

Boccaccio A selection from *The Decameron*
    ed. Kathleen Speight

Pavese *La luna e i falò*
    ed. Doug Thompson

Italian women writing
    ed. Sharon Wood

*forthcoming*

Sciascia *Il giorno della civetta*
    ed. G. W. Slowey

# *Italian women writing*

edited with an introduction, notes and vocabulary by

## Sharon Wood

## Manchester University Press

Manchester and New York

distributed exclusively in the USA and Canada by St. Martin's Press

*Published by* Manchester University Press
Oxford Road, Manchester M13 9PL, UK
*and* Room 400, 175 Fifth Avenue,
New York, NY 10010, USA

*Distributed exclusively in the USA and Canada by*
St. Martin's Press, Inc.,
175 Fifth Avenue, New York, NY 10010, USA

*British Library cataloguing-in-publication data*
A catalogue record for this book is available from the British Library

*Library of Congress Cataloging-in-Publication Data*
Italian women writing / edited with an introduction, notes and vocabulary by
    Sharon Wood.
        p.   cm. — (Manchester Italian texts)
    Text in Italian; intro. and notes in English.
    Includes bibliographical references.
    ISBN 0-7190-3891-X
    Italian fiction—Women authors. 2. Short stories. Italian.
    3. Italian fiction—20th century. I. Wood, Sharon. II. Series. Italian texts.
    PQ4253.A9173    1993
    813'.01089287—dc20                        93-4369
                                              CIP

ISBN 0 7190 3891 X *paperback*

Reprinted in 1996, 1997

Typeset  in Times
by Koinonia Ltd, Manchester
Printed in Great Britain
by Bell and Bain Ltd, Glasgow

# Contents

# Acknowledgements

Grateful acknowledgement is due to the following for permission to reproduce copyright works: Giulio Einaudi (N. Ginzburg, 'La madre'); Arnoldo Mondadori (F. Sanvitale, 'Jolly e Poker'); Essedue edizioni (M. Mizzau, 'All'aeroporto'); La Luna Edizioni (A. M. Scaramuzzino, 'Roba da supermercato'); Casa Editrice Bompiani (F. Cialente, 'Marcellina'); Agenzia Letteraria Internazionale (E. Morante, 'Il cugino Venanzio'); Casa Editrice Rizzoli (A. M. Ortese, 'Un paio di occhiali'). I am grateful to Lalla Romano, Francesca Duranti, Paola Capriolo and Sandra Petrignani for personal permission to reproduce their stories, and would like to give special thanks to Dacia Maraini and Ginevra Bompiani, whose stories appear in this volume for the first time.

To my mother, Doreen

# Introduction

A woman's writing is always feminine; it cannot help being feminine: the only difficulty lies in defining what we mean by feminine.
                                                     Virginia Woolf[1]

It is impossible to define a feminine practice of writing.
                                                     Hélène Cixous[2]

In 1852 the English novelist George Eliot wrote of her admiration for the work of French writers such as Madame de Stael, who had the 'small brain and vivacious temperament which permit the fragile system of woman to sustain the superlative activity requisite for intellectual creativeness'; of Italian women and Italian writers, however, she could only speculate that any work by 'those awful women' was probably best left unread:

> We confess ourselves unacquainted with the productions of those awful women of Italy, who hold professional chairs, and were great in civil and canon law; we have made no researches into the catacombs of female literature, but we think we may safely conclude that they would yield no rivals to that which is still unburied.[3]

The nineteenth century, golden age of the novel in Britain and France, saw no such comparable work in an economically backward Italy which was only united into a single state in 1870. With the exception of a handful of writers such as Manzoni and Verga, there is no equivalent to the enormous body of work by writers such as Thackeray, Dickens, Balzac or Tolstoy. Nor is there an Italian George Eliot, Jane Austen, or equivalent to the Brontë sisters. Italian women writers in the nineteenth century such as Carolina Invernizio were, as in other parts of Europe, successful in the popular novel, but did not produce work which has achieved the status of a 'classic'. Yet women wrote, and wrote a great deal; writers such as Matilde Serao and Neera, for example, produced much work which remains popular to this day. In 1906 Sibilla Aleramo produced her remarkable feminist novel *Una donna,*[4] denouncing the patriarchal legal and family status of women; in 1926 Grazia Deledda was only the second woman to be awarded the Nobel Prize, for an enormous body of work – about one hundred volumes – which related the passions and customs of her native Sardinia.

During the period since the Second World War writing by women in Italy has come into its own. However, women have until very recently had to do battle with the view that writing is not a suitable occupation for a woman, and that the work they produce is necessarily different – hence lesser in value – to that of men, dealing essentially with the personal and the intimate, 'emotional' sphere. Elsa Morante, Natalia Ginzburg and Francesca Sanvitale have all protested against the ghettoisation of their work in terms of their gender; Dacia Maraini was told at the beginning of her career in the early 1960s that a woman with her good looks had no need to write; Francesca Duranti's first marriage broke up in the face of her refusal to give up writing.

The remainder of this Introduction considers the way in which women's lives in Italy have changed since the War, and the increasing prominence of creative work by women to the point where they have become a major force in Italian culture. The 1980s saw a flowering of work by women never seen before in Italy, and the stories in this volume are discussed against the background of the fundamental economic and social change implemented in a country which, from the disaster of war, has emerged to become one of the leading industrial nations of the world.

### After the War: the new democratic republic

The Italy which emerged from the Second World War was deeply scarred by twenty years of Fascism, a disastrous military defeat with heavy losses, and civil unrest. Mussolini was removed from office in July 1943; the subsequent Allied invasion of Sicily and control of the country as far north as Naples, together with Nazi reinforcement of their position as far south as Rome, made of Italy a battlefield between two opposing armies. The situation was worsened by a bitter civil war in Italy, with Fascist brigades still loyal to Mussolini struggling against an anti-Fascist partisan movement, organised in large part by the Communist Party. The loss of life, together with the destruction of land and property and the legacy of an inglorious war effort, left post-war Italy devastated socially and economically.

At the same time, there was a mood of optimism and determination in the country, as the Liberation forces pressed to implement the schemes and plans nurtured during the years of underground activism. The new vision of democracy was based largely on the hopes and experience of the partisan movement and the Resistance, a constant reference point in post-war Italy.

Women were seen to have a vital role to play in the construction of the new democracy. The Resistance had brought enormous numbers of women from all strands of life out from the home to participate in the struggle for liberation, either as active militants or in a wide network of communications and support units, leading them for the first time to take part on such a wide scale in public life; Renata Viganò's novel *L'Agnese va a morire* (1973)[5] movingly describes the involvement of a middle-aged peasant woman in a wider democratic movement to which she eventually gives her life. The 'Resistenza', as political, anti-Fascist protest, drew also on women's largely unexpressed dissatis-

2

faction with social roles and working practices which discriminated against them; Camilla Ravera speculates that 'nei grandi sollevamenti generali, lei, magari senza consapevolmente introdurvi le sue ragioni specifiche, si getta nella mischia. Ed è la rivolta che covava in lei da tempo che esplode'.

Estimates of the number of women involved in the Resistance vary hugely. While over 43,000 women were active combatants, anything up to two million women provided essential support services. As Rossana Rossanda comments, women's daily lives and routine made them particularly suited to clandestine activity:

Nobody adapts as well as women to a struggle where the army is hidden, right in the midst of the people. In these circumstances the way women are – reserved, nobody knows them, they don't put themselves forward – turns out to be ideal for clandestine struggle. Nobody expects a woman to express political opinions, and who could imagine that when she goes off to the market she has a revolver in her shopping bag? She moves naturally within a whole network of relationships as she goes about her business. She knows how to drop a simple word – she's a chatterbox, this woman, but she is capable of extraordinary silence out of solidarity – she has her own round, a special world which she knows well.[6]

Fausta Cialente's short story 'Marcellina' portrays the freedom women can win for themselves in times of social turmoil. Marcellina does not become a partisan, but her activities as a smuggler give her economic independence, enabling her to flout restrictive social convention, to choose her own man, and to choose him for love rather than for financial security and social respectability. Marcellina contrasts strongly with the long-suffering Giselda – an echo of Boccaccio's much-admired patient wife Griselda in the *Decamerone* – whose unenviable task it is to clean up after her men following their drunken nights out. The town matrons are scandalised by Marcellina's behaviour, but their daughters are less convinced; illegality is preferable to the wretched life of wife as beaten servant.

Marcellina establishes her own clandestine network of contacts, sets up her own resistance, gradually creates a sense of solidarity between the village women based on an enlightened self-interest and domestic need. As with the women of the Resistance, her network of contacts is facilitated by women's daily domestic round of chores. The tone of the story is unfailingly optimistic, light, slightly mocking; no-one is ever caught, tortured or killed. There is never any real doubt that Marcellina will outwit the authorities and achieve her own ends. This, together with her romantic attachment to the handsome young garage attendant whom she eventually marries, in a reversal of roles where she is the active and he the passive partner, make of her almost a fantasy figure, a figure emulated and admired both by the characters in the story and by Cialente herself. If Marcellina escapes, she can perhaps take us with her; if she slips out of the net constraining women's lives, then so perhaps can we. At the same time, this element of humorous fantasy, as much as the difference

3

between Marcellina and Giselda, marks an ironic gap between the world represented by fiction and the reality which holds true outside the text between the two extremes of female experience.

'Marcellina' underlines firmly the fundamental feminist demand of economic independence as the basis of emancipation. There is no moral questioning of Marcellina's activities; the situation of the downtrodden drudge is more immoral than Marcellina's own carefree disregard for established authority. The vindication of Marcellina's actions in the name of a freedom to which all women are entitled contrasts also with Eduardo De Filippo's play *Napoli milionaria!* (1947).[7] On his return from a labour camp, the feckless Gennaro is transformed into an austere judicial figure appalled by the moral collapse of the family; he condemns unequivocally his son's involvement in theft, his daughter's permissive sexual ethics and his wife's trafficking on the black market. He requires Amalia to return to the traditional role of good wife and mother; real suffering, the play suggests, will not be eradicated by evading individual moral responsibility, and our only hope lies in a return to the traditional family and moral order; De Filippo's aspirations to social reform did not include radically new roles for women.

Italian women were able to vote for the first time in 1946; the constitution of the new Republic (the discredited monarchy was ousted by referendum) guaranteed equal rights to women, but defined their rights in terms of maternity, their position as mothers to the nation. The struggle for emancipation, for equal pay and equal access to public and professional life was opposed by a reactionary Catholic Church which feared the weakening of the traditional family structures and the corruption of women's morals if they were exposed to a wider social experience. The political Left also hesitated in its support of female emancipation, fearing that women, backward in their political thinking and in the hands of the priests, would damage the Left's hopes of political and social reform. Rossana Rossanda recalls that:

The Left even feared that women would hold them back. Immediately after the war, I remember, many brave fighters in the Resistance were against women getting the vote because they said that the poor things were, through no fault of their own, backward, priest-ridden, fodder for the right who would then carry the day.[8]

The State was slow to abrogate Family Law which meted out more severe punishment to adulterous women than to men, and men continued to have the right to dispose of their wife's possessions as they pleased; access to professions such as the Law remained minimal. The family was still considered the fundamental unit of society, and women at the hearth vital to its proper functioning. In a society where families had been devastated by war and where the Church still held great authority, it is perhaps not surprising that the consensus on the centrality of the family included the majority of women too: later criticisms of women's demands in the immediate post-war period as not

4

being 'radical' enough are to some extent misplaced.

However, the widespread denial of other roles for women could have tragic consequences, as Natalia Ginzburg's story 'La madre' demonstrates. A freedom won for Marcellina is a freedom lost for this unnamed woman; the comment in Luigi Pirandello's play *Sei personaggi in cerca d'autore*,[9] that the similarly unnamed mother 'non è una donna, è una madre', is equally pertinent here, where a rigid, traditional social code denies the woman sexual and emotional independence. In Ginzburg's story the unresolved tension between woman as sexual being and woman as mother ends only with suicide. The mother's restlessness, her mercurial temper, her slightness, are condemned by her two small sons, from whose perspective the story is told, with the dismissive comment, 'la madre non era importante'; traditional family life as represented by the more solid – physically and morally – grandparents, the aunt and the family servant are valued more highly by the children than their mother's struggle for a life of her own.

The real tragedy of 'La madre' begins after her death, as her sons gradually and inexorably forget her; she is erased from their memories, from a powerful and patriarchal family tradition, just as she has erased her own body with poison, and the crucial dilemma between a woman's desiring body and the social role imposed on her remains tragically unresolved. The story is in some ways diametrically opposed to that of 'Marcellina': the sense of a woman not free but entrapped, unable to fulfil her role as mother because denied other forms of self-expression, is reflected in the pessimistic and austere tone. The 'madre' is no heroic figure. While like Sibilla Aleramo's 'donna' she refuses the traditional imperative of maternity as sacrifice, sole source of female fulfilment, unlike her forebear there is no alternative space for her outside the patriarchal family which encloses her, nowhere else to go. Maternal love is itself embittered by the impossibility of loving elsewhere, and there is some harsh truth in the neighbours' comments that in taking her own life she failed to love her children.

Ginzburg's refusal to compromise, to produce a narrative pleasing to the ideological Right or Left, stems directly from her experience of Fascism and war, from her desire to abolish rhetoric in favour of a more complex 'reality':

There are still those who complain that writers use a language which is bitter and violent, that they speak of things which are harsh and cheerless, that in their most desolate books they present reality.

We cannot lie in our books and we cannot lie in any of the things that we do. And perhaps this is the only good thing to have come to us out of the war … We are close to things as they really are.[10]

This refusal to see only one side, to be seduced into a facile dogmatism, repeats itself in Ginzburg's complex reaction to feminism. Even while she supported the practical and emancipatory demands of women, Ginzburg denounced what she saw as feminism's assumption of women's oppression as the tangible, material common denominator of the female condition, its sweeping positioning of all women as victims and all men as the oppressors, its fomenting of antagonism between the sexes. The 'madre' is no icon for a new feminist movement; her actions and decisions could be adduced to no political cause. In her essay 'La condizione femminile' (1973), Ginzburg makes a plea for complexity, for recognition of what she calls the 'dramatic multiformity' of the relations between men and women:

It is true that women have been used and humiliated for centuries. In the history of the relationships between men and women, this is one way among many in which we can consider the female condition. It is not however the only way we should look at it. It is wrong to think that the humiliations suffered by women are the single essence of the relationships between women and men. It's a crude, impoverished, reductive and limiting vision of the world. It's a vision of the world which does not reflect reality. The world is complicated and multiform: particularly complicated, multiform and dramatic are the relationships between men and women.[11]

Ginzburg favours the contradictions of life over what she sees as the simplicities of fashionable orthodoxies. Complexity rather than conformity, a generous embracing of a world richer than any single shibboleth or ideology, characters caught up in a reality which they cannot themselves grasp or comprehend – these are some of the hallmarks of Natalia Ginzburg's work.

These first two stories of Cialente and Ginzburg, the first articulating feminist emancipationism and the second representing a more oblique view of the female condition, anticipate what has been a characteristic feature of writing by Italian women in the post-war period, and will be a characteristic feature of the stories reproduced in this anthology – that writing by women does not all move along the same paths, nor even in the same direction. There is no easy correlation between women's writing and feminist theory, no simple equation of aesthetics and politics; the relationship between the 'feminine' and the 'feminist' is one which is continually tested by women writers, and one to which we will return in the course of this Introduction. The best of women writers (as of men) do not feel constrained to write from a single, specific ideological position. With these first two stories we see that, as both Woolf and Cixous wrote, it is almost impossible to define a feminine practice of writing, to extract a common denominator either of ideology or of technique. It is also undesirable, for such a move would smack of prescriptivism. What is clear is that women writers approach the subject of women – and of men – from a variety of perspectives and positions which are not necessarily available to their male counterparts, and this pluralism of styles and content is an indication of the complex reality of women's lives that Ginzburg was so at pains to express.

## The new aesthetic: neorealism and its discontents

In 1930, in a prison cell near Bari, the Marxist thinker and co-founder of the Italian Communist Party, Antonio Gramsci, wrote in one of his notebooks:

In Italy the intellectuals are distant from the people, i.e. from the 'nation'. They are tied instead to a caste tradition that has never been broken by a strong popular or national political movement from below. This tradition is abstract and 'bookish', and the typical modern intellectual feels closer to Annibale Caro or Ippolito Pindemonte than to an Apulian or Sicilian peasant.[12]

Gramsci's desire for a 'national-popular' literature which would not be the exclusive province of the intellectual aristocracy, but which would promote less rigidly class-based cultural activity, re-emerged amongst thinkers and artists of the Left in the post-war period. The effort to achieve a new democracy after the disaster of Fascism was accompanied by the search for a new aesthetic which would express the social and political hopes of the new era, and which would transform a traditionally elitist culture by representing wider sections of the Italian population. The cinema was perhaps the most strikingly successful form of the new cultural mode of 'neorealism'. Literary and cinematic styles both reflected the dominant position of the Italian Communist Party in intellectual life. Exponents of cinematic neorealism – Rossellini, the early Visconti – used villagers and peasants rather than professional actors in their films, and addressed areas of life and experience excluded from the rhetoric of Fascism. This new cultural impetus grew, as did the struggle for democracy, from the predominantly left-wing alliance of the Resistance, and, as Geoffrey Nowell-Smith remarks, lasted as long as the Resistance remained a real force in Italian politics:

The idea of a new cinema could not have been enacted without the whole climate of the Liberation – not just the overthrow of Mussolini but the armed Resistance and the demolition of the capitalist and state-capitalist structures inherited from the regime. Equally, it could not survive beyond the point in the post-war settlement when the unity of the Resistance ceased to mean anything politically.[13]

While critics debate to what extent the neorealist movement constituted a real break with the past, as far as women were concerned it showed some of the same limitations of vision that we have seen in the Italian political state. The return to 'traditional' values supposedly espoused by the disenfranchised, unpoliticised – and thereby supposedly uncorrupted – Italian underclasses held out little promise of new roles for women in art or in society. The underlying conservatism of neorealism is brought out by the critic Lucia Re:

Neorealist narrative tends in general to employ a basic framework of values taken entirely from the traditional conventions of Italian patriarchal culture. The neorealists seek to endow their narrative representation of the real with a stable meaning that all can recognise as inherently true, fulfilling a collective need for certainty and stability in both

7

the reconstruction of the past and in the projection of the future. By appealing to the most deeply sedimented and universal truths of the Italians, neorealism sought a 'catholic' consensus above and beyond party differences.[14]

Major women writers of the post-war years such as Elsa Morante, Anna Banti and Anna Maria Ortese, all of whom had grown up and matured under Fascism and war, refused to recognise such traditional values; all distanced themselves from this enterprise, preferring to stand on the margins of mainstream cultural activity. Natalia Ginzburg, too, refused the label of 'neorealist'. Although they achieved critical acclaim for novels such as *Artemisia* (Banti, 1947)[15] and *Menzogna e sortilegio* (Morante, 1948)[16] the fantastic, mythical writings of Ortese and Morante and the historical fictions of Banti marked them off from the new aesthetic.

Anna Maria Ortese was for many years a firm supporter of the Communist Party. Her journalistic writings portray the Communist 'Feste dell'unità' as the dawn of a new world, while her account of a visit to Moscow under the aegis of the U.D.I. (Unione Donne Italiane) in 1953 marks her as one of a number of Western intellectuals for whom Moscow was another Lourdes or Santiago de Compostela, the new destination of pilgrimage. Three years later she left the Communist Party, as did enormous numbers of intellectuals throughout Europe, in the wake of Kruschev's denunciation of Stalin and the Soviet invasion of Hungary. However her fictional work had never conformed to the Communist demand for a literature subordinated to political interest or a cultural programme.

Ortese perceives a gulf between 'reality' and the 'realism' or 'neorealism' which purports to enclose and repeat it, and in her 1967 novel *Poveri e semplici* [17] she explicitly confronts and rejects neorealism as a way of apprehending the world. Ortese's utopian fictions suggest that what lies before us is a mere sham: reality is simultaneously what has been lost to us with the loss of childhood, and what has yet to be achieved, to be worked and struggled for. Reality, for Ortese, can never be written about in the present tense.

Ortese's story 'Un paio di occhiali' is set in the poverty of post-war Naples. Eugenia, short-sighted almost to the point of blindness, is to be given a pair of glasses. Her optimism, her ability to find joy in trivial moments, her perception of the goodness and generosity of those around her persist despite the family's desperate poverty, the volatile moods of her unmarried aunt who is buying the glasses for her, the rheumatic pains of her mother, and the overbearing exploitation of the family by their landlady, the Countess. Images of light and spring, however, are overturned when the longed-for glasses finally appear. The world is suddenly smaller and darker, as an oppressive weight of wretchedness is suddenly revealed to her. Vision has, paradoxically, not conjured up what Ortese sees as reality, but destroyed it.

Ortese may refuse to name as 'reality' what she sees as just the surface of things, but she remains an acute social observer. In *L'iguana* (1965)[18] she heralds the contemporary ecological movement with its condemnation of a self-interested industrialisation which is destructive of Nature; in 'Un paio di occhiali' she makes her political points in the context of a blackly humorous story which combines social pessimism and compassionate optimism in the figure of Eugenia herself.

Elsa Morante, like Anna Maria Ortese, saw in childhood an innocence lost in a world of greed and violence. She was a vigorous campaigner against the Bomb, and her almost mystical belief that only children could rescue us from destruction is encapsulated in *Il mondo salvato dai ragazzini* (1968).[19] Her novel *La storia* (1974)[20] is a protest against 'uno scandalo che dura da diecimila anni', the 'scandal which has gone on for 10,000 years', opposing the violence and oppression which defile our history with nothing more than the innocence of a small boy. This faith in childhood is combined with a deeply critical view of the new, increasingly industrialised and prosperous Italy.

'Il cugino Venanzio' similarly takes a small child as its protagonist. Venanzio is not clever, or strong like his brothers. The most basic of household tasks, such as putting on the water for the pasta, is beyond him: he will put water in the pan without lighting the gas, or, worse, light the gas without first filling the pan. His mother beats him every morning with the hairbrush, to 'get it over with', for all the trouble he will inevitably cause during the day; chicken thieves turn up when they know Venanzio is alone in the house; fascinated by the material of his mother's new dress, he cuts round all the patterns in it. This humorous account of Venanzio's utter failure to integrate into the real world ends up with his early death which, like that of Useppe in *La storia*,[21] hints at an innocence which cannot survive in the rough and tumble of family and social life. Useppe, an epileptic, dies during the course of World War II; the illness which kills Venanzio is unnamed, but lies perhaps more in a world which cannot accommodate him than in his own fragile, dreaming self. The story is related by his young cousin, whose hair-ribbon had inspired Venanzio to make his disarming proposal of marriage to her – and who will be perhaps the only one to miss him.

The black humour of 'Un paio di occhiali' and the whimsical poignancy of 'Il cugino Venanzio' reveal a passionate commitment shared by both writers to a source of values opposed to the new consumerism and the rush towards some misplaced sense of modernity. While exponents of neorealism sought new meaning after twenty years of Fascism in an anti-bourgeois aesthetic which made common cause with Communist political ideology, Ortese and Morante reject explicit ideologies in favour of a more individualistic psychological approach in which all people are potentially as small children and all are potentially innocent.

Lalla Romano's brief sketch 'A Cheneil d'autunno' shifts the scene from

9

Naples and Rome to the mountains of the North, the Alps. 'A Cheneil d'autunno' is less a story than a reflection on the changing lives of the mountain people – changes marked by, for example, a new (if still primitive) system for transporting hay down into the valley and the arrival of butter from Milan. Romano discreetly underlines the harshness of life for these people: the mountains are, for them, the place not of relaxation and vacation but constant and grinding work, from which the only escape is drink. Romano's is an elegiac but unsentimental evocation of a way of life which is itself in its autumn, fast disappearing, with all its wretchedness and, at the same time, its poetry. As the enormous technological advances being made in the cities ripple out even to the mountain villages, Romano gives us a fleeting, minimalist glimpse of a world in crisis, on the threshold of unstoppable change.

Anna Maria Ortese, Elsa Morante and Lalla Romano all share a concern for what was being abandoned in the rush for economic progress, rapid modernisation and industrialisation. The aesthetic project of neorealism was swiftly jettisoned by an increasingly urbanised consumer society; a culture which tends towards increasing uniformity has little space for the different values suggested by Eugenia and Venanzio. The euphoria and hopes raised by the ideals of the Resistance had faded badly, and organised capital had reasserted political control of the country. While none of these three writers explicitly confronted in their writing the question of emancipation or the position of women (these issues were to re-emerge into the social arena with the civic unrest of the sixties and seventies), they were radical in pointing out the gulf between those at the centre and those at both the margins and the mercy of social power: children, women, the lower classes, animals even. If feminism was not consciously articulated by these writers as it had been by Cialente and Ginzburg, their representations of powerlessness and their re-fusal to conform to the dominant social and economic creed marked them out as sisters both to the emancipationists before them and to the feminists who were to follow in their footsteps.

## The new Italy: protest and feminism

The late 1950s and 1960s in Italy saw an astonishing economic revival, as within a matter of years Italy was transformed from a principally agricultural economy to an industrial one. Companies such as Fiat and Olivetti emerged as world leaders, and the expansion of industrial output was greatly assisted by the discovery of methane gas in a country which had previously relied exclusively on oil and coal imports. Individual earnings increased, and the wealth of both the State and the individual citizen rose to levels unthinkable just a generation before. The standard of living of ordinary Italians increased considerably, as Italy turned itself into a consumer society as a result of the 'economic miracle'. The new, go-ahead Italy was vividly – if satirically – portrayed in films such as Federico Fellini's *La dolce vita* (1961).

Industrial development and economic advancement, however, had a price. The gap between an industrial, increasingly wealthy North and an impoverished South widened even further; great numbers of men from the South moved either to the major cities of the North or to Switzerland, Germany and France in search of work: if the Resistance had seen women involved in public life for the first time, rapid post-war industrialisation was the primary impetus for social mobility within Italy. For the first time, demand for labour exceeded supply, and the workers found themselves in a strong position to negotiate pay and working conditions.

At the same time an education system much expanded in the 1960s, providing mass education beyond primary school for the first time, led to an explosion in the number of university students in a system already grossly inadequate and out of date. This material basis for revolt was compounded by an ideological one, as students rejected the individualism and self-interest promoted by the 'economic miracle' and demanded a wider sense of collective solidarity and social justice. The failure of the State to reform education, along with its failure to provide promised industrial reform, led to a joining of forces between students and workers stronger in Italy than in any other European country. There were international forces at work too; the American dream, for a long time a fixed feature of the Italian imagination as millions emigrated over the course of the century in search of a way out of poverty, was rudely shattered by newsreels of the war in Vietnam showing the napalming of helpless villagers by American troops.

The Communist Party was seen by students and workers alike to have failed to be sufficiently radical in its call for reform. Dissatisfaction with the Party led to the establishment of extra-parliamentary groups, some of which pursued the dream of violent revolution rather than gradual reform. Terrorism, bombings and assassinations, perpetrated both by left-wing groups (the *Brigate Rosse*) and by right-wing groups whose murky connections with elements of the State have never fully come to light, were all to plague Italy over the next decade. The novels of Leonardo Sciascia and the films of Francesco Rosi lay bare the workings of a corrupt State whose connections with terrorism and organised crime continue to this day to undermine a feeble democracy, unable to protect its own citizens and ready to abandon those courageous few who work and struggle, often giving their lives, in the service of democratic ideals and of justice.

11

## Feminism in Italy

The last of the movements to emerge in the late sixties and early seventies, but perhaps the one with the most enduring influence, was that of feminism. Feminist strategies and thought in Italy were not identical to those being developed in France, Britain or America. The Italians did not share the Anglo-American distrust of theory, and were indeed much influenced by French psychoanalytical and philosophical writing. They have produced, and continue to produce, much theory of their own on the vexed subject of sexual equality and sexual difference. Yet feminism in Italy, abstract and theoretical as it can be, has been inextricably linked to political practice, to an activist commitment to social change; the social and political situation in Italy was crucial to the formation of feminist thought. Italian feminism, then, bridges the gap between theory and practice, between French intellectualism and Anglo-American pragmatism.

In the 1960s politics had been an almost exclusively male province and, while large numbers of women had taken part in the student movement, the male-dominated trade unions and Communist Party failed to address their own prejudices against women who demanded a social and political role greater than that of 'angelo del ciclostilo' (angel of the copying machine) or sexual companion to the male leaders of political struggle. With the slowing down of the 'economic miracle' women's jobs were threatened, and they again emerged from the private sphere to protest against inadequate housing and services on the new, rapidly constructed suburban estates. It is not surprising that many of the new feminists emerged from far-left, extra-parliamentary groups such as *Lotta continua* or *Potere operaio*, groups which criticised the traditional Left and the Communists for their failure to continue the struggle for radical change and for the ease with which they allowed themselves to be co-opted into a centre-right consensus.

Women soon realised that radical politics did not have radical sexual politics (a newly-invented term) on its agenda. One of the most influential thinkers in 1970s Italian feminism, Carla Lonzi, wrote powerfully of the Marxist call to revolution that it held no promise within it of an end to patriarchy, that women's oppression needed to be theorised outside the specificity of class. The whole tradition of Western philosophy, she stated, was predicated on an *a priori* misogynistic premise which confined women to the passive and the negative. The tradition of philosophy from the Greeks to Hegel, she argued, was an attempt to theorise women's 'essence' in such a way as to justify theoretically what they were compelled to be in practice – the incarnation of passive negativity, body rather than spirit, matter rather than mind, the private rather than the public.

From 1970 on, feminist groups began to form in the major cities and the practice of 'autocoscienza', a version of the American 'consciousness-raising', began. The right to divorce was won in 1974 by an overwhelming referendum majority, in the face of fierce opposition from both the Church and the dominant Democrat Party; only in 1975 were women granted legal equality with their men in the organisation of the family.

The emphasis of the new feminism was no longer on emancipation, on equality with men in the social sphere, but on women's 'difference', on analysing their own sexuality and the oppression they faced within a patriarchal system. Women's liberation was no longer to be subordinated to socialist politics, for the models of political revolutionary groups clearly held their demands to be secondary to the goal of a global social revolution which took no account of women's own experience. The demand for autonomy, for women's right to control their own bodies, focused on the struggle for abortion, an issue which successfully united, temporarily at least, the very diverse social and theoretical strands of the women's movement. Abortion in Italy was punishable by five years' imprisonment, while the official morality of the Church was contradicted by the appalling reality of thousands of dangerous back-street operations. The right to legal abortion finally became law in 1978, although the parallel right of doctors to become 'conscientious objectors' on the national health system, while performing abortions privately, has remained a severe flaw.

Feminists brought the dimension of gender not only to issues of divorce, abortion, sexual violence and rape, but to terrorism, institutional and parliamentary representation, the question of military service, and ecology. All areas of personal and social life were to be rethought. Feminism in the 1970s set out to uncover and develop a new identity for women, underpinned not by the political ethic of emancipation, a fallacious 'equality' with men, but rather by a rethinking of sexual difference which would embrace two quite distinct modes of being, which would no longer see femininity in terms of what it is not, and define it as lack. Sexual difference was to be recognised not exclusively in terms of reproduction but as an existential category, as an equal but different way of being in the world.

### Feminism and critical theory

Feminist movements in Europe and America from the late sixties onwards were strengthened by a growing body of critical and theoretical work which traces the connections between gender, discourse and political culture. Feminist literary criticism has undergone rapid development and change since the early seventies, shifting away from a view that would see the woman in the text as an image of a 'real'woman and the text an unproblematic mediator between writer and reader, a mirror held up to life, to a more complex position which suggests that language does not merely reflect, but indeed shapes and moulds, our perception of ourselves in terms of gender, class, colour etc.

Much early feminist literary criticism followed an 'Images of Women' approach, influenced by studies such as that in Kate Millett's *Sexual Politics*.[22] The language and structure of texts were largely set aside in favour of examining a 'content' – the visual or verbal representation of the female – which could be isolated and confronted with something external to the text. This was an approach which favoured the experiential over the theoretical, where what happened in the text was compared to the experience of the woman reader. The value of a text was determined largely by the extent to which it was felt to be an accurate portrayal of women's own experience, of the way they felt about themselves. Much of this early work concentrated on revealing the misogynistic representation of women in texts by men; Italian feminist critics adopted this strategy to attack works by figures of the literary establishment such as Alberto Moravia, Mario Soldati and Carlo Cassola.

Critics soon turned to texts by women, and a great deal of work was done to recover authors and texts long abandoned to dusty bookshelves. This renewed attention to women's texts was labelled 'gynocriticism' by the American Elaine Showalter, one of its most influential and perceptive exponents. Feminist presses published a re-discovered female 'tradition'; courses on women's writing became respectable in the academic institutions, and work by men could be safely discounted as having little or nothing to tell women about their own lives. Texts by women, on the other hand, were lent authority by the female signature; a continuum was perceived between author, narrator and character; female experience was the touchstone of authenticity. In Italy, curiously enough, large numbers of books began to appear on writers such as the Brontës, Sylvia Plath, Emily Dickinson and the real heroine for Italian feminism, Virginia Woolf – but it was some time before work appeared on the Italian tradition of female writing. There are a number of reasons for this. Italian classic realist fiction had clearly not produced the wealth of texts by women that Britain and the United States had enjoyed; critics who first came across American and British theoretical models tended to be those engaged in working on and teaching texts in English; and comparatively little was known about many Italian writers who only slowly began to be rediscovered and republished through the feminist presses. Italians were quicker to translate foreign literary and critical texts than they were to write or publish their own. Over the years, however, much excellent work has been reprinted, by writers such as Contessa Lara and Maria Messina. Giuliana Morandini's *La voce che è in lei*[23] gives a thorough introduction to writing by women in the nineteenth century.

While women may look in their reading for characters with whom they can identify and empathise, or whom they can admire, the aesthetic of literature as mimesis, as a transparent reflection of 'real' life, is questionable. Critics of this aesthetic point out that it can only deal with texts of classical realism, and that modernist, experimental texts which attempt to dispel the humanist notion of the unitary self, the individual being, are beyond its reach; if reader and author are engaged in a mutual quest to discover 'woman', then what are they to do with experimental texts which refuse to portray rounded 'characters' or to offer narratives which are recognisable 'imitations' or 'reflections' of life? It is unsatisfactory to deal with all texts exclusively in terms of sexual difference, a dualistic approach which would have all 'male' texts affirm sexual ideology and 'female' texts invariably positioned as critiques of that ideology. Most black feminists would deny that there is such a thing as a unifying femal experience, nor are all women writers feminist. Critics of this approach accuse it of being essentially conservative, able to deal only with specific forms of creative fiction.

For other critics, to concentrate exclusively on writing by women is to slip into the old trap of biologism, whereby anatomy rather than literary or political effect is seen to be the repository of value. French feminism, for example, engages with other discourses such as psychoanalysis, Marxism and deconstruction in its attempts to determine the specifically 'feminine'. The feminine, and 'écriture féminine', are a matter not of biological gender but of where the speaker positions him/herself within the dominant discourses. 'Écriture féminine' has nothing to do with the traditions of female writing uncovered by patient research in libraries, but denotes a mode of writing that unsettles fixed meanings, that is subversive. French feminism rejects 'innate' qualities and characteristics (unlike radical feminism which speaks, for example, of women's instinctual pacifism) and declares gender to be a matter not of biology but of social construction. These critics explore not the 'sexuality of the text', but the 'textuality of sex'; the weaving of gender through a range of discourses, experiences and institutions.

Clearly this approach, too, is not without its difficulties. Women, especially those who are not white middle-class, can object to the project of shattering the individual ego at the very moment when they begin to have a voice of their own. Women clearly are discriminated against on the basis of their physical gender, and such discrimination and oppression cannot be dealt with by a theoretical position which regards the 'feminine' exclusively as a matter of textual practice. Nor is it enough to locate subversion within literary forms rather than within forms of political practice; experimental fiction or even new ways of reading will not change the world.

Many critics are beginning to see the need for dialogue rather than confrontation between these two approaches as they have been sketched out here. Italian feminism's success in embracing a plurality of strategies owes much both to its intellectual tradition and to its stormy political scene. Italy, like

France, has a highly sophisticated philosophical tradition, such that theory is not immediately regarded with suspicion; at the same time Italian feminists understood that to change the reality of women's lives active intervention was required, and that the way women were perceived needed to be changed.

It is also important to note that feminism in Italy has not become so closely identified with academia as in Britain or America, where Women's Writing and Women's Studies courses risk becoming part of the establishment. Italian universities have no Women's Studies courses, although women in Rome have set up their own university, the 'Centro Culturale Virginia Woolf'. There is no parallel in Italy to the Anglo-American predominance of literary criticism as a site of feminist practice, and Italian feminism retains a strong interest in questions of political as well as literary representation, responding clearly to events in the public sphere. While feminist writers and thinkers continue to explore the possibilities of a new basis for philosophical thought, for ways of thinking the 'feminine', cataclysmic events such as the nuclear disaster of Chernobyl or the war in the Gulf still call forth a practical response.

## Feminism and writing

The most significant writer to engage and identify herself with the feminist movement in Italy was the novelist, poet and playwright Dacia Maraini. Maraini began her writing career in the early sixties, although recognition for her work was hindered rather than helped by her long association with the established literary figure of Alberto Moravia; several novels were to appear before she could be regarded by the male-dominated literary establishment as an autonomous writer rather than simply a clever protégée of the great man.

Maraini's own mixed parentage and early experience – a childhood spent in Japan, ending in a concentration camp with the fall of Mussolini in 1943 – left her with a permanent sense of marginalisation and alienation. Her feeling of social exclusion, together with her thinking about the position of women (informed by her experience of living for several years in Sicily as a teenager), later found a theoretical basis in feminism. Her first novels, dating from the early sixties, prefigure a feminist consciousness in their portrayal of an, as yet, unanalysed abuse and oppression of women. Characters in early novels such as La *vacanza*[24] and *L'età del malessere*[25] are isolated and paralysed, not yet empowered by the vitality of a common movement whose primary aim was to return control of their bodies to women themselves. The reader is given no privileged access to the thoughts and responses of these women; the narrator offers not omniscience but an enigmatic, expressive silence.

Maraini became closely involved with the feminist movement on all levels – as writer, commentator and activist. She campaigned vigorously for abortion to be made legal; her declaration that bisexuality rather than heterosexuality was the norm shocked a deeply conservative political establishment. Most of all, however, a string of successful novels and plays (performed in her own Teatro della Maddalena) attempted to establish a new feminist aesthetic which would place women's experience and perspective at the centre rather than the margins of the literature, and which would explore and expose the nexus of psychological, sexual and economic practices which rooted themselves in philosophical theories of feminine inferiority. Maraini's efforts to extend the margins of social experience led her to give a first-person narrative voice to, among others, prostitutes and criminals, to present a multiplicity of narratives which would shatter the hegemony of the bourgeois male perspective.

The story included in this volume, 'La ragazza con la treccia', underlines the dilemmas faced by young women with no access to sexual education and little understanding of their own bodies, who are easy prey to sexual exploitation. In this brief tale a young girl with a jaunty step and swinging plait walks towards the door of the doctor who will perform her clandestine abortion; the narrator invites our understanding and compassion for her predicament, and our anger that abortion is the only solution available to her. The violence done to the 'ragazza' is not the obvious one of rape, but the more complex violence of a system based not on compassion but on ignorance, fear and solitude; the woman is left to resolve her difficulties alone and as best she can.

## Success and failure in contemporary Italy: women writing today

With the decline of collective oppositional movements, the pessimism and backlash ('riflusso') of the early eighties gave way to a new period of sustained economic growth. Firms such as Benetton have become an international success: Italy seems particularly suited to an enterprise culture, especially in sectors such as fashion and design. Indeed, in recent years Italy has claimed to have overtaken Britain in its economic and industrial capacity, lying behind only the United States, Japan, West Germany and France. Increased wealth has led to the dominance of the urban, high-consuming middle class with spending power equal to any in Europe.

This image that Italy has wished to present to itself, however, is based largely on an illusion. An upwardly mobile society, as in the boom of the 1960s, exacts its own price. The gap between prosperous North and struggling South continues to widen; immigration into Italy, for the first time a country which imports rather than exports labour, has provided cheap, frequently illegal, labour. The appalling prospects for large numbers of immigrants include racism, dangerous working conditions and inadequate housing not seen even with the influx of Southerners into the Northern cities in the 1960s. Italy remains a divided society: between North and South, between flourish-

17

ing industrial sector and an immobile political system unable to institute reform, and between rich and poor. There is also a marked contrast between a relatively efficient private sector and an enormously flabby public sector which drains resources while producing little or nothing in return. While the level of conspicuous individual wealth is very high, a grossly inflated public deficit (a recent calculation suggests that were all citizens to dedicate all their earnings for a whole year to the debt, it would still not be covered) is witness to the continuing failure of the political classes to introduce tighter controls on massive public (mis)spending, and to the seemingly endless unaccountability of political power. Closer currency ties with Europe have revealed the weakness of a fundamentally mismanaged economy which finances individual prosperity by third-world levels of debt, and where devaluation of the lira has been the consequence of a long-term failure to regain control of a sliding political economy.

The age of collectivism appears to have had its day. A shifting economic and political situation in the light of the emerging new Europe has led to the erosion of traditional political power, with the old parties in decline and the PCI, the Communist Party, no longer in existence after the spectacular collapse of the Soviet bloc. The emergence of the separatist leagues in the wealthy North raises the spectre of a reversal of Italian unification and a splitting up of the country into three federal republics. Institutions continue to atrophy, organised crime is dominant and corruption scandals continue to break out at alarmingly regular intervals. The gulf between an immobile political establishment and a distrustful electorate grows ever wider. Given the desperate state of public life, the family remains the primary focal point for the majority of Italians disaffected with public and political life: any social protest is fragmented and haphazard at best.

Years of protest and concerted action over the last two decades have led, however, to a considerable improvement in the position of women, in urban culture at least. While a macho culture may still hold sway on the streets, it is also true that women have entered massively into the labour market, particularly in the North. In the public sphere, Italy has a higher percentage of women parliamentary representatives than Britain, and better childcare facilities make work as well as family a realistic possibility. A high percentage of Italian women no longer regard work simply as a prelude to marriage, and have radically restructured their roles and responsibilities within the family. While there is still much ground to be made up, the image of the Italian woman as black-garbed housewife has been consigned largely to history.

Creative work by women is now as widely read as that by men; in recent years they have scooped up numerous prestigious literary prizes, and women have become influential critics, editors and university professors as well as writers. The emphasis of writing by women during the eighties and nineties has shifted: less than ever can it be categorised or defined as dealing with specific themes or having a specific audience in mind. What is certain is that in recent years, for the first time, the way is clear for large numbers of women to enter literary and cultural spheres rather than remain on the margins, politely respected but largely ignored. Work produced by women in recent years ranges from the hardy perennial of realist fiction, overtly feminist writing, experimentalism and fantasy to the re-writings, pastiche and ironic self-consciousness typical of post-modernism. Some of the enormous diversity and richness of this new work, with its varying subject matter and style, is represented in the second half of this volume.

Even while prejudice and discrimination still clearly persist at a local level, the battle for emancipation, for equal legal, family and economic rights, has been largely won. Yet women do write from a different perspective (see Woolf's comment that writing by women cannot help but be feminine) and it would be as questionable to ignore the fact of gender in both the production and reception of a text as it is inherently racist to pursue so-called 'colour-blind' political and racial policies. There is still a need for critical work which stresses the enormous contribution which women have made to Italian litera-ture, simply because of the historical tendency to erase the 'feminine' in favour of a supposed 'norm'. The relationship between 'women' and 'fiction', between sex and text, will not be pinned down easily, will not be theorised once and for all, but must be continually reviewed and reconsidered with each successive writer, with each new work of art. The challenge to the reader is to engage in the ongoing debate and dialectic, the ever-shifting patterns between text and gender, writing and women, fiction and reality.

A further word must be said at this point about the intricate relationship of women to fiction. Where many women writers refuse to be categorised as a distinct social group, it is misleading for the critic to impose upon them a label of orthodoxy according to which, to misquote Sigmund Freud, anatomy is (literary) destiny. Contemporary women writers display a range of attitudes to feminism, to being considered as 'women writers'. Some have lived through the social and feminist movements of the late sixties and early seventies; others have matured since then. Partly from fear of a new ghettoisation, women are ambivalent about being grouped according to their gender. Duranti remarks that she is 'neutro' when she writes; Paola Capriolo will not hear of her work being considered 'women's writing'. Others, such as Francesca Sanvitale, feel that while they write 'as a woman' it is impossible, as the most perceptive critics and writers from Virginia Woolf to Hélène Cixous have acknowledged, clearly to define this in practice. To attempt to do so, to categorise 'women's writing' as necessarily different and separable from that of men, is to slip into the bad habits of biologism where literature becomes a question of physiology rather than art. Hence the title of this volume, *Italian Women Writing,* which would emphasise pluralism rather than the closing down of possibilities which the more essentialist *Women's Writing* would imply.

## Contemporary fictions

Anna Maria Scaramuzzino's blackly humorous story 'Roba da supermercato' portrays the power of publicity and marketing in a society overwhelmed by its own products, and the dehumanising power of a consumer society which threatens to turn people, too, into things. The protagonist gives birth in the local supermarket, where she has spent a large part of her pregnancy walking the aisles, obsessed with the latest products and advertising jingles. She passes out, dreaming that before going on to hospital she is asked to pay for the goods consumed and purchased – including her baby. She wakens into a worse nightmare in which, after the initial security of finding her husband and a doctor at her side, she is arrested for shoplifting – not frozen goods but this same child. The demonic craziness of consumerism, whose only goal is profit, leaves no space for the more natural human processes, or for the gift of birth. The 'roba' of the title refers not only to the goods to be found on the supermarket shelves, but to the unfortunate baby, to be bought and sold along with everything else. The story, punctuated by supermarket jingles, swiftly transforms the banal into the threatening, as the publicity machine feeds itself and the woman becomes the consumed rather than the consumer.

Over the eighties, as the struggle for social and political change no longer compels attention to the 'real', writers become increasingly preoccupied with the power of the written word, with stories of imagination and fantasy, with exploring the fine line between a given reality and a reality created by written texts. Francesca Duranti's most successful novel to date, *La casa sul lago della luna* (1984),[26]relates the story of a writer and translator who, unable to complete a biography for lack of information, invents. The woman whose character he creates then comes mysteriously into existence; the border between fiction, imagination and reality becomes less and less well defined as the writer loses control of his own creation, as the woman of his desiring imagination takes on a life of her own. Duranti's short story 'Il berretto sportivo' smilarly inverts the normal order of things. The protagonist, a TV presenter and would-be writer, hastily scans the book to be presented in the evening's cultural show. The incident which he lights upon appears to have been missed or unread by the other participants and by the TV audience, otherwise engaged in lauding the vainglorious mediocrity of the author. After the show the protagonist, ignoring the calm sense of his wife, desperately searches the book for the passage he thinks he remembers; and as he dies in an absurd accident he realises that the half-recalled chapter prefigures his own fate.

Duranti's story within a story, as Scaramuzzino's dream within a dream, offers the possibility of a fiction which is grotesque, fantastic, gothic almost as it conjures up ghosts, as fiction turns itself terrifyingly into reality. While Scaramuzzino takes on (re)production and consumerism as the nightmare script for modern society, Duranti tackles the culture machine which churns out novels and television programmes as easily as the supermarket churns out its jingles, and which is equally destructive.

Francesca Sanvitale's best-known work to date is *Madre e figlia* (1980),[27]a fascinating and many-layered account of what is probably the most neglected relationship in the history of fiction. The complexities of relationships between women are echoed in a text which espouses contradictory points of view and different time sequences simultaneously. Sanvitale explores the double edge of language – silences which speak volumes, semantic ambiguities, the use of language as alibi or self-delusion, the unwitting revelations which slip out between the words spoken. In her story 'Jolly e Poker' language does not dream up phantasms but acts as an unconscious blind, a barrier between the protagonist and the reality of his own life. The story, as related to a sympathetic Englishwoman whose culture will not, perhaps, let her dig too indiscreetly beneath the surface tale, of his relationship with the anarchically lovable, untrainable dog Jolly (the 'jolly' in an Italian pack of cards is the wild card, the joker), displaces an only half-understood, half-realised account of his failed relationship with his wife. The impetus of the story lies less in what is said than in what is omitted, as suppressed emotions of anger, jealousy, unacknowledged love and loss seep continually into this seemingly overstated account of his relationship with a dog. The role of the reader, as of the protagonist's interlocutor Mary, is to decode the hints and clues in the story and so unveil something of his alternative, unspoken history.

Sandra Petrignani is another writer whose roots remain firmly within the feminist movement, but who refuses the prescriptive aesthetic of mimetic realism, of literature as a reflection and representation of women's oppression. She has written a number of works, both fictive and critical, which address the role and position of the woman writer. Her first novel, *Le navigazioni di Circe*,[28] rewrites the encounter between Ulysses and the seductive witch as related in Homer's *Odyssey*; Circe becomes a very modern, vulnerable witch who encages her lovers as her only defence against her own propensity to fall painfully and hopelessly in love. The relationship between Circe and the equally seductive Ulysses, who similarly attempts to entrap her (he, too, has a large shiny cage full of all the women he has conquered), ends with the failure of the mutual power game, with the recognition of their equality and, simultaneously, of their difference. In *Le navigazioni di Circe* Petrignani restores an earthy sensuality to her female character (somewhat akin to Angela Carter's achievement in *Nights at the Circus)*,[29] revelling in a messy, joyful desire that refuses to be politically correct or to take itself too seriously, and that ends with a recognition of the man and the woman as equal but different.

In 'Donne in piscina' Petrignani similarly addresses the question of contemporary female sexuality. A group of women in their thirties gossip and chat on a hot summer's afternoon. These are no longer the days of 'autocoscienza'; middle-class women at least have learned to speak freely of sex, and of their own bodies. Yet the knowledge achieved by these women is a precarious one; the intimate secrets of desire and pleasure remain a source of both mystery and anxiety, as for Circe. With the arrival of the male in their midst the sexes seem as far apart as ever, brought together, if not united, by sexual desire. The recurrent image of the frog-prince, a half-forgotten children's story evoked by the frog which appears at the pool-side, suggests an ambivalence towards heterosexual relationships, where desire does not necessarily mean satisfaction. Despite the gains of feminism, creating and maintaining an equal, satisfying relationship across the gender divide is seen to be as problematic – but just as tempting and seductive – as ever.

Like Petrignani, Ginevra Bompiani is also writer and critic, and has published books on British and American women writers – Emily Brontë, Jane Austen and Sylvia Plath. Bompiani's fiction deals with enigmatic passions and only half-recognised emotions, with the paradoxes of time and language; the surface of the world disintegrates in her texts as objects or even small encounters undergo a metamorphosis, take on strange fantastic shapes, and reveal the abyss which lies beneath our daily lives. Human structures, including language, are fragile barriers against the void. 'Il ladro' leans towards the genre of the fantastic, as the chicken bone which Polia Polka's dog steals reappears, mysteriously and alarmingly, night after night in her room. The chicken bone becomes a metaphor for Polia's own lonely life, desiccated and empty, pared down to the bone, as it were, stripped down to an empty shell, just as her house is a beautiful shell. What is stolen from Polia is less a chicken bone than any sense of human contact or warmth in a life which stops at the external surface of things. This is no orthodox feminist piece describing the alienation of the female in a patriarchal world, but a more existential drama, where the woman must take responsibility for her own isolation and her own separation from the world. The chicken bone re-appears night after night in her room, forcing Polia into a final enigmatic recognition of what she has attempted to suppress. We are haunted most, it seems, by that which we think to have discarded.

The question of language is one which many contemporary writers, both male and female, deal with consciously in their work. Marina Mizzau teaches psychology and linguistics at the University of Bologna; her story 'All'aeroporto', in which the narrator contemplates how he is to recognise and address a colleague he is to meet at the airport, steps elegantly through the complexities of everyday language, exploring the hidden messages of common speech, the iceberg of attitudes and responses of which language is only the tip. The unknown colleague's definition of himself as 'brutto', 'ugly', leaves the protagonist in a quandary, for to recognise him from his own description is to acquiesce in an uncomfortable value judgement.

The last stories of this anthology demonstrate to what extent women writers are enlarging the scope of 'women's writing', refusing traditional views which would have them, as good and passive observers, well able to portray the delicate and minute twistings and turnings of the psyche, but less equipped to confront global issues of history, politics or art. In the last story of this collection, Paola Capriolo's 'Il dio narrante', the ambitions of women writers are made clear; they are confronting questions of language, art and philosophy with a rare confidence. It yet remains to be seen whether the group of writers who reject the term 'scrittrice', in assimilating themselves to the neutral (masculine) form, have lost more than they have gained.

In her first collection of short stories which exploit the genre of the fantastic, *La grande Eulalia* (1988),[30] Paola Capriolo addresses the question of art, seen neither as an adjunct or ornament to life, nor even a means to consciousness and self-awareness, but as a way of being which is all-absorbing, exclusive, and which demands total sacrifice. We are a long way here from the view that literature reflects life. 'Life' and 'art' are antithetical terms, with art, after the fashion of the Romantics, taking over the very soul. Capriolo has moved far away from literature as psychology, as a privileged excursion into the human condition. In 'Il dio narrante' she considers the question of language and narrative from the perspective of a rather forgetful, capricious and not quite omniscient God. God, in this story, is 'un pessimo narratore'; each element of his narration, each piece of language, is inextricably bound up with other pieces of language, with associated thoughts and ideas, to the point where the selection and ordering required by any narrative becomes impossible; in the mind of God there can be no past or future, only an endlessly expanding present where little distinction can be made between a dead lord murdered in his castle, a beautiful princess and the wing of the angel who serves him his breakfast. Language and narrative become very poor tools indeed to express the complexity of the world; the God finally returns to his slumbers, dreaming a world where all things happen simultaneously, where time no longer exists, and where the telling of a story is, finally, impossible.

## Conclusion

All of the writers represented in this volume have written novels as well as short stories. There is no Italian Katherine Mansfield, who has concentrated

23

exclusively on the short story form. It is, though, a form which has remained consistently popular, and not simply because brevity is most compatible with the complexity of our lives. The short story captures a different mood to the novel: its power lies in its ability to conjure up a fleeting moment, a sensation, a concentrated idea. The short story as form seems particularly pertinent to the questions considered in this Introduction: for the American writer Eudora Welty the writing of stories is 'not rules, not aesthetics, not problems and their solution. It is not rules as long as there is imagination; not aesthetics as long as there is passion'. The short story at its best is a passionate enquiry of a single idea or moment, which does not pretend to answer its own puzzles, which requires the imaginative participation of the reader as much as that of the writer. As another great practitioner of the art, the English writer Elizabeth Bowen, commented on her own stories, they are 'questions asked: many end with a shrug, a query, or, to the reader, a sort of over-to-you'. The relationship of women to literature, and the relationship of literature and literary forms to the social and cultural context in which they are produced, remains as mysterious and enigmatic as Polia Polka's chicken leg. This Introduction has attempted to offer some ways of considering these relationships, though it is difficult to go beyond Virginia Woolf's comment back in 1929 that 'women and fiction remain, as far as I am concerned, unsolved problems'. Her difficulty is still ours; the debates about the 'difference' of writing by women, the tangled skein of gender and fiction, look set to continue. Happily, women will continue to write. Hopefully, this anthology will introduce readers to the depth and range of some of their work, as well as encourage them to consider critically the question of women and fiction. If, as Woolf wrote, 'fiction is like a spider's web, attached ever so lightly perhaps, but still attached to life at all four corners', then the changing lives of women and women who write have radically shaken that web. The 'awful women' have gone for good: even the stern George Eliot might have approved of their grand-daughters.

### Notes to Introduction

1  Woolf, V. *Women and Writing.* (Michèle Barrett ed.). London, The Women's Press, 1979.
2  Cixous H. 'Castration or decapitation?', *Signs*, 7, 1, 1976.
3  Eliot, *G. Essays.* London, Routledge, 1963.
4  Aleramo, S. *Una donna.* Milan, Feltrinelli, 1985.
5  Viganò, R. *L'Agnese va a morire.* Turin, Einaudi, 1973.
6  Rossanda, R. *Le altre: conversazioni sulle parole della politica.* Milan, Feltrinelli, 1989.
7  De Filippo, E. *Napoli milionaria!* Turin, Einaudi, 1947.
8  Rossanda, R. *Le altre: conversazioni sulle parole della politica.* Milan, Feltrinelli, 1989.

9  Pirandello, L. *Sei personaggi in cerca d'autore* in *Maschere nude*. Milan, Mondadori, 1977.
10  Ginzburg, N. *Mai devi domandarmi*. Milan, Garzanti, 1970.
11  Ginzburg, N. *Vita immaginaria*. Milan, Mondadore, 1974.
12  Gramsci, A. *Antologia degli scritti* (Salinari, C. and Spinelli ,M. eds) 2 vols. Rome, Editori Riuniti, 1963.
13  Nowell-Smith, G. 'The Italian Cinema Under Fascism' in *Rethinking Italian Fascism: Capitalism, Populism and Culture*. (David Forgacs ed.). London, Lawrence and Wishart, 1986.
14  Re, L. *Calvino and the Age of Neorealism: Fables of Estrangement*. Stanford, Stanford University Press, 1990.
15  Banti, A. *Artemisia*. Milan, Rizzoli, 1953.
16  Morante, E. *Menzogna e sortilegio*. Turin, Einaudi,1948.
17  Ortese, A. M. *Poveri e semplici*. Milan, Rizzoli, 1974.
18  Ortese, A. M. *L'iguana*. Florence, Vallecchi, 1965.
19  Morante, E. *Il mondo salvato dai ragazzini*. Turin, Einaudi,1968.
20  Morante, E. *La storia*. Turin, Einaudi, 1974.
21  Morante, E. *Ibid*.
22  Millett, K. *Sexual Politics* (1969). London, Virago,1977.
23  Morandini, G. *La voca che è in lei*. Milan, Bompiani,1980.
24  Maraini, D. *La vacanza*. Milan, Bompiani, 1961.
25  Maraini, D. *L'età del malessere*. Milan, Bompiani,1962.
26  Duranti, F. *La casa sul lago della luna*. Milan, Rizzoli, 1984.
27  Sanvitale, F. *Madre e figlia*. Turin, Einaudi, 1980.
28  Petrignani, S. *Le navigazioni di Circe*. Rome/Naples, Theorema, 1987.
29  Carter, A. *Nights at the Circus*. London, Chatto and Windus, 1984.
30  Capriolo, P. *La grande Eulalia*. Milan, Feltrinelli, 1988.

# Select bibliography

Ascoli, G. et al. *La questione femminile in Italia dal '900 ad oggi*. Milan, Franco Angeli 1977.

Bono, P and kemp, S.(eds). *Italian Feminist Thought: A Reader*. Oxford, Basil Blackwell 1991.

Chianese, G. *Storia sociale della donna in Italia (1800–1980)*. Naples, ERI, 1980.

Eliot, G. 'Silly Novels by Lady Novelists', *Essays*. London, Routledge 1963.

Forgacs, D. *Italian Culture in the Industrial Era 1880–1980*. Manchester, Manchester University Press 1990.

Ginsborg, P. *A History of Contemporary Italy: Society and Politics 1943–1988*. London, Penguin 1990.

Marks, E. and de Courtivron, I. *New French Feminisms*. Brighton, Harvester 1981.

Morandini, g. *La voce che è in lei. Antologia della narrativa femminile tra '800 e '900*. Milan, Bompiani 1980.

Nozzoli, A. *Tabù e coscienza: la condizione femminile nella letteratura italiana del novecento*. Florence, Vallecchi 1978.

Petrignani, S. *Le signore della scrittura*. Milan, La Tartaruga 1984.

Re, L. *Calvino and the Age of Neorealism: Fables of Estrangement*. Stanford, Stanford University Press 1990.

Rossanda, R. *Le altre: conversazioni sulle parole della politica*. Milan, Feltrinelli 1989.

Shaw, V. *The Short Story: A Critical Introduction*. London, Routledge 1983.

Showalter, E. *The New Feminist Criticism. Essays on Women, Literature and Theory*. London, Virago 1986.

Woolf, V. *A Room of One's Own*. London, The Hogarth Press, 1929.

# Notes on authors

**Fausta Cialente** was born in 1898 in Sardinia, but does not identify herself as specifically Sardinian or even Italian, other than in terms of the language she speaks and in which she writes. She spent her married life in Egypt, and in later years has spent much of her time living in England. Her stay in Egypt gave her the opportunity simultaneously to avoid the Italy of Mussolini and to assist anti-Fascist efforts during the war with daily broadcasts from Radio Cairo; Cialente has not given up her Socialist ideals over the years. In terms of her writing, she regards herself as a follower of French modernism, of Proust and Gide, while professing her admiration for the civic seriousness of a writer such as Leonardo Sciascia. Her works include *Un inverno freddissimo* (Milan, Feltrinelli, 1966) from which 'Marcellina' is taken, *Le quattro ragazze Wieselberger* (Milan, Mondadori, 1976) and *Interno con figure* (Rome, Riuniti, 1976)

**Natalia Ginzburg** (1916–1991) grew up in Turin where she became involved in anti-Fascist activities with intellectuals such as Cesare Pavese, Carlo Levi and her husband Leone Ginzburg, whom she married in 1939. After the war, and the death of her husband at the hands of the Fascists, she remarried and moved to Rome. Ginzburg remains one of the most popular and respected novelists in Italy. Her ability to combine a strong sense of social and political engagement with independence and clarity of thought and style make her novels and stories simultaneously accessible and challenging. Works include *Tutti i nostri ieri* (Turin, Einaudi, 1952), *Le voci della sera* (Turin Einaudi, 1961), *Lessico famigliare* (Turin, Einaudi, 1963) and *Caro Michele* (Turin, Einaudi, 1973). Ginzburg has also written extensively for the theatre. 'La madre' first appeared in 1948.

**Anna Maria Ortese** (b.1914) is one of the most original writers of the twentieth century in Italy, writing in a prose that is frequently dense and visionary, which absolutely refuses to follow the literary conventions of the day. She lives in seclusion – and poverty – in Rapallo (Liguria). Her books include *Angelici dolori* (Florence, Vallecchi, 1938), the prize-winning *Il mare non bagna Napoli* (Florence, Vallecchi, 1953) from which 'Un paio d'occhiali' is taken, *L'iguana* (Florence, Vallecchi, 1965), *Il treno russo* (Catania, Pellicanolibri, 1984), and *Il cardillo addolorato* (Milan, Adelphi, 1993).

27

**Elsa Morante** (1912–1985) was one of the most private of Italian writers. Unlike most of her colleagues, she consistently refused to give interviews or intervene in the cultural arena, declaring that all that was to be known about her could be found in her work. Much of her writing deals in one way or another with the idea of love; never as sentimental or even romantic cliché, but as painful, obsessive, destructive emotion: homosexual love, love which is rejected, or which is scorned. In 1941 Morante married the novelist Alberto Moravia, separating twenty-one years later; she committed suicide in 1985 after a long illness. A long list of works includes *Menzogna e sortilegio* (Turin, Einaudi, 1948), *L'isola di Arturo* (Turin, Einaudi, 1957), *La storia* (Turin, Einaudi, 1974) and *Aracoeli* (Turin, Einaudi, 1982). 'Il cugino Venanzio' is taken from *Lo scialle andaluso* (Turin, Einaudi, 1958).

**Lalla Romano** (b. 1906) lives in Milan, next to the famous Brera Art Gallery, but many of her stories and novels are set around her native Cuneo, near the northern Alps. Writer and painter, her books include *Le metamorfosi* (Turin, Einaudi, 1951), *Tetto murato* (Turin, Einaudi, 1957), *La penombra che abbiamo attraversato* (Turin, Einaudi, 1964), *L'ospite* (Turin, Einaudi, 1973) and *Le lune di Hvar* (Turin, Einaudi, 1991). 'A Cheneil d'autunno' is taken from a collection of prose, *Un sogno del Nord* (Turin, Einaudi, 1989).

**Dacia Maraini** is the leading feminist writer in Italy. She began publishing in the early 1960s, and has continued to produce novels, stories, poetry and plays written exclusively from the woman's point of view. She was the founder of the experimental theatre 'La Maddalena' and has also been active as journalist, critic and film writer. Some of her major work include *La vacanza* (Milan, Bampiani, 1961), *L'età del malessere* (Milan, Bompiani, 1962), *Memorie di una ladra* (Milan, Bompiani, 1974), *Donna in guerra* (Turin, Einaudi, 1975), *Lettere a Marina* (Milan, Bompiani, 1981), *Isolina* (Milan, Bompiani, 1985) and the enormous international success *La lunga vita di Marianna Ucrìa* (Milan, Rizzoli, 1990). 'La ragazza con la treccia' is published here for the first time. Dacia Maraini lives and works in Rome.

**Anna Maria Scaramuzzino** was born and lives in Trapani, Sicily, where she works not as a full-time writer but as an administrator, in the office of the Prefect. She has published *Esempi estranei* (Trapani, 1987) and *Ipotesi di morte* (Palermo, Ila Palma, 1987), as well as *Verde d'uomo: trenta racconti crudeli* (Palermo, La Luna, 1991), from which 'Roba da supermercato' is taken. Scaramuzzino's stories and fables play with the gothic and the fantastic, the disruption and metamorphosis of the 'real', as she pushes situations to their logical, if absurd and humorous conclusions. Most remarkable, perhaps, are her stories which transform/deform the human body:

the tale of a man who dedicates himself to his plants and becomes one, with disastrous consequences when he is pruned; or of the woman whose children are born from those parts of her body which her husband touches in loveplay – again with dramatic results for the anatomy.

**Francesca Duranti** divides her time between Milan and Lucca. Early, largely autobiographical, works include *La bambina* (Milan, La Tartaruga, 1975), and *Piazza mia bella piazza* (Milan, La Tartaruga, 1976), and recount respectively the writer's childhood under the shadow of war, and her struggle to become a writer in the face of her husband's opposition. In her later works, Duranti combines inspiration from her own personal experience with a more inventive account of the complex relationship between the writer and what is written, between literature and reality. Novels include *La casa sul lago della luna* (Milan, Rizzoli, 1984), *Lieto fine* (Milan, Rizzoli,1987), *Effetti personali* (Milan, Rizzoli, 1988) and *Ultima stesura* (Milan, Rizzoli, 1991), from which this story is taken.

**Francesca Sanvitale**, born in Florence, now lives in Rome where she works as a writer and critic, contributing to journals and reviews such as *Nuovi Argomenti, Il Messaggero* and *L'Unità*. Novels include *Il cuore borghese* (Florence, Vallecchi, 1972), a depiction of middle-class protagonists seeking a new moral and ethical basis for their lives and struggling to come to terms with a rapidly changing social and political environment. *Madre e figlia* (Turin, Einaudi, 1980) is a powerful account, to some extent autobiographical, of Sanvitale's own struggle to establish her identity in the face of a tyrannical father figure and dependent mother. 'Jolly e Poker' is taken from her collection of short stories *La realtà è un dono* (Milan, Mondadon, 1987).

**Sandra Petrignani** (b. 1952) lives in Rome, where she works as both writer and arts journalist. Books include *Le signore della scrittura* (Milan, La Tartaruga, 1984), a fascinating series of interviews with elderly women writers such as Anna Maria Ortese, Fausta Cialente and Anna Banti, *Le navigazioni di Circe* (Rome/Naples, Theorema, 1987), *Il catalogo dei giocattoli* (Rome/Naples, Theorema, 1988) and *Come cadono i fulmini* (Milan, Rizzoli, 1991).

**Ginevra Bompiani** lives in Siena, where she teaches literature at the University. Her books include the stories of *L'incantato* (Milan, Garzanti, 1987), and the novel *Vecchio cielo nuova terra* (Milan, Garzanti, 1988). Her work consistently avoids writing as mimesis, as reflection of some external reality, and she has been compared to the French writer Nathalie Sarraute as well as to Virginia Woolf in the attention she gives to the minute shifts and metamorphoses of imagination and emotion. Bompiani owes as much to British and American as to Italian writing, and in 1978 she published *Lo spazio narrante* (Milan, La Tartaruga) a critical study of Jane Austen, Emily Brontë and Sylvia 'Plath. 'Il ladro' is published here for the first time.

**Marina Mizzau** teaches psychology at the University of Bologna. Her interest in psychology and linguistics is evident in her stories, many of which deal with the hidden messages which lie behind verbal communication: language is only one aspect of the compexity of human communication, and in her stories, all of which take as their subject a minute event or experience, Mizzau explores the relationship of language both to its social context and to the minds and emotions of speaker and hearer. 'All'aeroporto' is taken from the collection *Come i delfini* (Verona, Essedue edizioni, 1989).

**Paola Capriolo** (b. 1962) is one of the youngest writers in this collection. Like that of many of her contemporaries, her work transcends the restrictions and canons of classical realism. Capriolo admits her own fascination with the German Romantic tradition in art, literature and music; her interrogation of the fantastic, creative imagination and her serious examination of the role of art and literature remove her simultaneously from the tradition of realism in the Italian novel and from the more contemporary vogue for self-irony and pastiche. Capriolo, along with writers such as Bompiani, shows how contemporary Italian writing can be renewed and enriched by engaging with other cultural traditions. Books include the stories of *La grande Eulalia* (Milan, Feltrinelli, l988), the novels *Il nocchiero* (Milan, Feltrinelli,1989), *Il doppio regno* (Milan, Bompiani, 1991) and *Vissi d'amore* (Milan, Bompiani, 1992).

*Italian women writers*

# Fausta Cialente
## *Marcellina*

Non succede quasi mai che i nuovi arrivati in paese, anche se si fermano per poco tempo, fra un treno e l'altro, non vedano nelle vicinanze della stazione passare di volata[1] in bicicletta quella ragazza dai capelli quasi rossi, il molle seno ondeggiante dentro una giacca di maglia celeste dai bottoni d'oro. Capelli e bottoni scintillano al sole: o meglio, si prendono la poca luce che vien giù da un cielo quasi sempre burrascoso.

Nel piccolo paese, che non è lontano dalle frontiere, piove spesso, le nuvole si adagiano sulle collinette quasi volessero gentilmente ovattare[2] le bianche fioriture dei prugni. Sono i primi a fiorire, i prugni, e ai nuovi arrivati può sembrare che la ragazza dai bottoni dorati abbia qualcosa in comune con la delicata fioritura. Eppure non ha davvero un'aria delicatina: arriva strisciando un piede a terra, a filo del marciapiede, se c'è, oppure sobbalzando sui ciottoli nella frenata, il viso bianco e rosso, le labbra vermiglie, e le svelte pupille azzurre sembrano cogliere tutto e tutti in una sola occhiata e aver preso una decisione prima ancora d'aver finito di guardare. E in gran dimestichezza con[3] quelli del treno che l'accolgono quasi sempre con chiassosi saluti e richiami. Non è quindi possibile ignorare a lungo il suo nome, perché da una sponda all'altra delle rotaie c'è sempre qualcuno che grida: – Eccoti qui, Marcellina! Sei in ritardo, Marcellina! Cosa ci porti oggi, Marcellina?

A guardarla meglio,[4] non dev'essere nemmeno tanto giovane, questa ragazza. C'è chi sussurra che quel molle seno ha avuto una segreta carriera in Francia, dove lei è nata e vissuta ed ha anche studiato, giacché parla e scrive in francese; e quando non si esprime in dialetto, in italiano ha un lieve accento straniero. Una carriera che deve aver iniziato assai presto (svelta com'è dev'esser stata anche precoce), ma nessuno è riuscito a capire quando è stata bottegaia o garagista. Probabilmente ha fatto tutti e due questi mestieri, senza parlare dell'altra, segreta carriera nella quale, chissà, può esser stata molto esperta.

Ha una grande esperienza di compra e vendita,[5] questo è certo, si ricorda i prezzi, in Francia, nel Nord e nel Mezzogiorno (dans le Midi) del '39 e del '40, quando il franco non aveva ancora perduto tanto del suo potere d'acquisto; e se accade che debbe fare, in casa, qualche lavoro pesante, indossa certe vecchie tute azzurre macchiate di grasso, che dovevano servirle per aiutare alla vendita della benzina, e un berretto con la visiera sul quale si legge ancora il nome di un garage.

In paese, dove ha parenti lontani, è capitata con la madre all'inizio della guerra. In Francia, come italiana, non sarebbe potuta restare; ma in quegli anni nessuno ha badato a lei più che agli altri, con tanti sfollati in giro. Abitava un po' da certi cugini, un po' da estranei, e sembrava una ragazza di famiglia, come tante, più pronta e vivace, forse, bravissima a procurar roba da mangiare, borsa nera [6] o altro, su e giù in bicicletta o sui treni, a tutte le ore. Anche lei s'era trovata, in quei viaggi, sotto bombardamenti, ma la zona era quasi sempre piuttosto tranquilla, e il suo olio, il suo zucchero, la sua farina, riusciva sempre a portarseli a casa,[7] arrivando magari a metà notte, quando tutti non l'aspettavano più e la pensavano finita chissà dove, forse morta. Proprio questo ricordò la gente, poi, e disse che già allora aveva mostrato di che stoffa era fatta, Marcellina.[8]

Anche durante la guerra finiscono i prugni, i meli, i ciliegi; e anche lei avevano veduta in giro, nella buona stagione, a baciarsi con qualche ragazzo quando piovono i petali sull'erba nuova; ma forse erano stati legami assai fragili che, per una sua segreta ragione, non aveva mai portato avanti.

Un giorno o l'altro qualcuno sarebbe venuto dalla Francia a riprendersela,[9] o almeno a visitarla, pensò la gente a guerra finita; un qualcuno al quale sembrava che lei volesse, a suo modo, restar fedele. Invece vennero soltanto dei fratelli ricchi, naturalizzati laggiù, cognati e cognate, e costoro pensarono per prima cosa a rimettere in sesto[10] una casupola di loro proprietà, perché Marcellina e la vecchia madre potessero abitarla senza più disturbare nessuno; giacché la madre, si seppe, in Francia non voleva più tornare, voleva morire al suo paese. Fecero tutti gli infissi nuovi, il balconcino coperto, alla svizzera, ingentilirono gli ambienti rustici con le tappezzerie, trasformarono il campicello in un orto-giardino (la casa era fuori dal paese, ai piedi della collina), comperarono nuovi mobili e una bella stufa. Dopo la partenza dei fratelli ricchi, poiché nessun altro era venuto: – Non vorrà mica vivere qui da zitella? – tutti si chiesero meravigliati.

Marcellina mostrava allora una gran smania per quella casa e quel giardino: stava lì a rifinire ogni cosa, curando la madre che a sua volta curava le galline e i conigli nelle gabbie; indossava di nuovo le vecchie tute scolorite, con quelle macchie indelebili, e se doveva stare al sole e al vento il berrettino con la visiera. Oramai, chi passava a lato del nuovo recinto, pulitamente fatto, con un cancelletto e un lume, la vedeva quasi sempre rastrellare la terra, inchiodare qualcosa, o verniciare, pennelli e barattoli intorno; oppure batteva energicamente coperte e materassi nuovi, rimasti al sole sul balconcino. Scompariva, poi, per mezze giornate intere, a volte per tutto il giorno, e la vedevano tornare con uno degli ultimi treni della sera, recando a tracolla,[11] se era a piedi, o fissata al manubrio della bicicletta, una grande borsa gonfia, come quelle che si portavano per necessità durante la guerra.

Poiché il tempo passava, intanto, e lei sembrava non aver l'intenzione di trovarsi un posto nelle fabbriche, o un lavoro qualsiasi, come avevano fatto tutte le altre ragazze, la gente cominciò a mormorare, a dire ch'era giusto, sì, che i fratelli ricchi pensassero alla madre, ma lei, Marcellina, giovane e forte com'era, trovava giusto farsi mantenere bighellonando in giro? Perché non lavorava, come tutti? Oppure, se lavorare non voleva, perché non si trovava un marito che la mantenesse? Non sarebbe stato più decoroso farsi mantenere da un marito in luogo dei fratelli che avevano già famiglia sulle spalle? Naturalmente, queste voci le giunsero ben presto alle orecchie; e il giorno in cui, dopo aver ingoiato di fretta il caffè al bar della stazione, mentre, borsa a tracolla, aspettava il treno sul quale doveva partire, rispose ad alta voce, s'indirizzò a tutti e a nessuno: il suo denaro lei se lo guadagnava come voleva, e se non voleva guadagnarselo al chiuso, lavorando a ore fisse, come certe tonte facevano, era affar suo. In quanto al marito, anche questo se lo sarebbe scelto a modo suo, su misura: un marito da comandare, se cosí le garbava, certamente non uno che la bastonasse, come sembrava essere un'usanza accettata, in paese, da quelle beate che la criticavano e le tagliavano i panni addosso.[12] Lo gridò mentre correva via guardandosi indietro, sghignazzando bonaria: beate e bastonate!

La rabbia la faceva parlare! dissero allora: la rabbia d'esser stata piantata da qualcuno che dalla Francia ormai non sarebbe più venuto... aveva un bell'aspettare, Marcellina![13] Le donne s'erano sentite più offese degli altri e ne ciarlavano al lavatoio, ch'era anche un luogo di ritrovo, come sempre nei paesi. Parlavano soprattutto le mogli, mentre le ragazze stavano a sentire sorridendo incerte. Dopo aver dato giù un gran colpo[14] con un lenzuolino attorcigliato per farne colare l'acqua sulla lastra inclinata di cemento, levavano fieramente la testa, le mogli, e ad alta voce interpellavano un giudice supremo e invisibile: – Bastonate? Ma chi? Ma dove? Ma quando? Va dunque spiando nelle case degli altri, questa Marcellina?

– Non c'è nessun bisogno di spiare, – rispondeva lei, qui, là, dove capitava.[15] Come se non si sapesse! Accade il sabato sera, quando gli uomini tornano a casa ubriachi, e se non è il sabato è la domenica. La Giselda, per esempio: in tre le tornano a casa ubriachi, il marito, il suocero, il cognato. Ma dove sta scritto che una donna deve sopportare questo? I più giovani vomitano vicino al letto, il vecchio se la fa addosso.[16] Questo è il suo divertimento, per il sabato e la domenica, pulire il loro sudiciume, lei che ha già lavorato tutta la settimana, e pigliarsi le botte[17] se protesta. Ma sta scritto dove?

Della Giselda era vero, purtroppo, lo si sapeva, nessuno avrebbe potuto negarlo. Le ragazze guardavano le madri, o le sorelle anziane, già sposate. – Non è la sola, la Giselda, lo sappiamo, – dicevano i loro giovani occhi pieni di sgomento. Possibile che un giorno tocchi pure a noi? – [18] e forse fu per tranquillizzarle, per rendere quella Marcellina un po' più sospetta alle giovanissime (le sue coetanee erano già tutte al lavoro o maritate), e perché sembrasse il contrario di un esempio da seguire, che le madri presero a indagare seriamente sulle sue misteriose occupazioni. Non l'aveva mai dato da intendere a nessuno[19] con quei ferri d'un lavoro a maglia che spuntavano sempre dalla gran borsa a tracolla! C'è forse bisogno di andare in giro sui treni, per lavorare a maglia? Ma non sarebbero giunte tanto presto alla scoperta[20] se non fosse capitato l'episodio del passaporto. Fu il maresciallo in persona a restituirlo a Marcellina, in piazza – la piazza dove c'era il lavatoio – arrestandola mentre, al solito, passava di volata in bicicletta.

– Questa volta ancora la passi liscia, tu, – [21] le disse picchiandole leggermente una spalla col documento, in modo piuttosto amichevole, a dire il vero. – Ma sta' attenta, ragazza, se non la smetti di andare su a giù dai posti di confine qui intorno, te lo ritiro, il tuo passaporto, e non lo vedi più.

Fu un gran trionfo, per le madri. Non l'avevano sempre detto, loro, che Marcellina non era una ragazza come le altre? Ecco qui: invece di un lavoro normale e tranquillo, alla luce del sole, aveva scelto di far il contrabbando, al lume delle stelle; essere, cioè, poco meno di una svergognata. Che voleva dire un simile spirito avventuroso giacché la guerra era da tempo finita? Dita minacciose si levavano in aria, e con insistenza ammonivano le giovanissime, le mettevano in guardia: era un'ambiziosa, quella Marcellina, ecco quel che era. Troppo le piaceva vestir bene a tutte le ore, troppo le piaceva adornare le sue stanzette e procurarsi tutte le comodità possibili, la cucina all'americana, l'aspirapolvere, il macinino elettrico – e con un salario d'operaia in fabbrica o d'impiegata non si arriva tanto lontano! Quei fratelli ricchi stavano ancora pagando il debito per la casa raffazzonata, poverelli, e si figuravano una Marcellina tranquilla, che curava la vecchia madre, coltivava l'orto e badava alle galline – e non quel fulmine che attraversava due o tre volte al giorno le frontiere recando, oltre il lecito, anche l'illecito.

E finalmente si poteva capire cos'era quel va e vieni di gente sconosciuta che sostava laggiù al cancelletto e portava o ritirava dei pacchi, dei fagotti. Complici o clienti, erano; e si faceva pure aiutare dalla madre, sciagurata Marcellina, lo si capì quando la verità fu scoperta giacché a tutti era accaduto di vedere quella povera vecchia un po' svanita uscire piegata in due dal basso pollaio o dalla gabbia dei conigli nascondendo nel grembiule un involto che poi consegnava al cancello: il contrabbando, sicuro, qualche 'stecca'[22] di sigarette, qualche chilo di caffè, tutta roba che se doveva sostare in casa per una mezza giornata o una nottata, la vecchia ingenua pensava bene di celare lí dentro.

Ingenua davvero, povera vecchia: perché un giorno o l'altro la finanza sarebbe calata all'improvviso, come un falco, e avrebbe scoperto che Marcellina continuava a prenderla in giro![23] Quando la voce di questa predizione fu udita, chi non aveva nessun risentimento contro Marcellina temette una denuncia da parte degli offesi: delle madri, per esempio, che tuttora la indicavano come una fonte di scandalo. Invece accadde proprio il contrario, perché Marcellina aveva già pensato ad adescare le ragazze; dapprima con le calze di nylon, così belle nelle loro buste lucide e trasparenti – a un prezzo veramente incredibile, quasi un regalo. – Venite a casa, – sussurrava di nascosto, alle spalle delle madri perché, si sa, alle ragazze piacciono certi sotterfugi. – Venite e vedrete. – Quelle andarono e videro le insospettate meraviglie: dalle grandi scatole che Marcellina tirava fuori dai nascondigli e apriva con mani svelte ed esperte spumeggiavano i tenui colori delle stoffe vaporose, dei merletti... Potete scegliere, se ne avete bisogno... E niente di male se non mi pagate subito! – E poi, giacché s'era in argomento:[24] Ma tua madre, di' un po'? – chiedeva ad una di loro, – a tua madre non converrebbe comperare da me[25] lo zucchero, il caffè, la marmellata? Diglielo, che spenderebbe tanto di meno. E le sigarette? Ma ci pensi all'economia che fareste in famiglia se fossi io a procurare le sigarette?

Le ragazze tornavano a casa con gli occhi lucidi, dissimulando il paio di calze o la sottoveste che s'erano azzardate a prendere ('a pagare c'è tempo, su, non far la stupida') – e fu proprio questa la breccia nel muro delle ostilità; o meglio, fu una breccia nel cuore avaro delle massaie – le preoccupazioni materne cedettero il passo[26] all'amore del risparmio.

Non si recarono neppure al cancello, Marcellina le serví allegramente in casa; e allegramente le pregava di far sparire le carte, i sacchi che contenevano la roba, con quelle scritte che ne rivelavano l'origine. Non voleva noie con la finanza, per sé e anzitutto per loro, e così si trovarono ad esserle non più nemiche, ma complici. In quanto a lei… oh, lei non aveva paura, diceva scrollando le spalle, scuotendo i capelli fiammeggianti. Se accadeva che le sequestrassero il contrabbando a una frontiera, dopo essersi rifornita tentava subito un altro passaggio, tanto li conosceva tutti: ma i suoi 'clienti' doveva servirli come si meritavano, erano clienti buoni, affezionati. Nell'ascoltarla le donne si figuravano Marcellina che entrava di soppiatto in ville sontuose, in misteriosi palazzi e incontrava personaggi importanti, di gran classe; ed esclamavano allora: – Non l'abbiamo sempre detto, noi, già in tempo di guerra? Tu di questa stoffa, eri fatta. E tacitamente la confrontavano alla povera Giselda, cosí meritevole, ma che in realtà faceva soltanto pena.

Le ragazze ora le pagavano i loro acquisti a rate settimanali,[27] di nascosto, segretamente affettuose; ma le si affezionarono anche le madri, e più ancora gli uomini, in particolare quelli del treno, i controllori, i macchinisti, i capistazione. Erano tutti 'clienti' oramai. Una volta rischiò di farsi cogliere mentre distribuiva sul treno a ciascuno l'ordinazione ricevuta: la finanza era salita in coda, ma lei galoppò lungo tutta la fila delle carrozze sveltamente sbarazzandosi del suo carico, coi ferrovieri che le tenevano mano, si capisce. Poi discese a una stazione intermedia, tranquilla, sorridente, le mani affondate nelle tasche d'una delle sue splendenti giacche di maglia azzurra, ben tesa sul morbido seno. Anche la borsa era sparita.

– Ti acciufferemo, una volta o l'altra, bada a te, ti acciufferemo! – le gridò il maresciallo incontrandola qualche giorno dopo sulla piazza dove, appoggiata alla bicicletta, discorreva con le donne al lavatoio. Marcellina ebbe l'aria di non capire: lei stava lì, disse, ad aspettare gli uomini che dovevano portarle in casa un frigorifero acquistato in quei giorni. Ah, pure il frigorifero, ti sei fatto? – gridò ancora il maresciallo. – E credi che non lo sappiamo che te lo sei fatto alle nostre spalle?[28]

Era una provocazione bell'e buona, la sua, nessuno avrebbe potuto negarlo. Gli uomini che giocavano a carte seduti a un tavolino del bar della stazione videro il maresciallo bere il caffè, asciugarsi la bocca e poi lo sentirono dire, irato e beffardo: – Tutto perché non ha l'amante, questa vostra Carmen da strapazzo.[29]

Ma si sbagliava, come già tanti s'erano sbagliati sul suo conto. Non c'era proprio nulla, in lei, che potesse far pensare al personaggio di un'opera, alle romanze celebri che dalle radio berciavano, a una cert'ora, su ogni angolo del paese. Volando in bicicletta giù per le stradine Marcellina poteva seguire di porta in porta, di finestra in finestra la stessa 'aria'. Quando non era in giro per il suo lavoro (cosí essa lo chiamava) cercava ben altro: e trovava, quasi sempre.

Era tornata al paese, proprio com'era accaduto a sua madre, una vecchia donna ch'era vissuta per più di trenta anni nel meridione, dove aveva menato un certo traffico[30] di cui non parlava mai. Non era tornata sola, la donna, aveva portato con sé un figlio nato e cresciuto laggiù, cotto da un sole più ardente, bruno, bello e allegro. Andava in giro con un passo agile, quasi danzante, e portava il nome della madre, quindi, era probabilmente un illegittimo; e lavorucchiava come impiegato a un distributore di benzina sulla provinciale.[31] Attratta da quella tuta blu macchiata di grasso che certo le risvegliava i bei ricordi del suo Midi, non era stato difficile a Marcellina trovare il pretesto per attaccar discorso con quel giovane. Nessuno badava, oramai, a chi ella parlava: clienti, pensavano tutti. E forse all'inizio il giovanotto lo era stato, almeno per le sigarette.

Sembrava più giovane di quanto non fosse, con quell'aria di ragazzo cresciuto nelle sale da ballo popolari, e lo era certamente più di Marcellina. I morbidi, nerissimi capelli che portava un po' troppo lunghi, tanto che quando si abbassava sul lavoro gli ricadevano sugli occhi e doveva continuamente gettarli indietro con un moto della testa, erano naturalmente lucidi; i neri occhi scintillavano, e il loro bianco sembrava quasi violaceo. In paese nessuno avrebbe potuto avere occhi simili; nemmeno in Francia. Chissà come, sapeva un poco di francese. – Alors? ça va? – le diceva mettendosi ritto, battendo leggermente la cima della sigaretta sul coperchio della scatola che lei gli aveva procurato a basso prezzo. Il suo accento era più che altro meridionale. Marcellina si divertiva a rispondergli in francese, ma si era accorta che lui non sapeva andare molto più in là di quel: – Alors, ça va? –

Fiorivano i ciliegi selvatici sulla montagna e si vedevano i loro delicati pennacchi bianchi sul bigio delle foreste ancora brulle. Egli li ammirò, mentre fumavano insieme lì sulla provinciale, e Marcellina gli offerse di mostrargli la via per andare lassù, dove c'era anche una vista bellissima sulla valle e sui laghi. Conosceva tutte le strade, lei: per via del suo lavoro, si capisce.

Dapprima nessuno se ne avvide: quei valichi quasi a tutti sconosciuti, le alte radure soleggiate e deserte, i silenziosi boschi senza fine dove, più tardi, cantò il cuculo e olezzò la primavera, servirono a Marcellina per un altro genere di contrabbando. Ridiscendeva a valle trasfigurata, una luce patetica nello sguardo vago; e se tornando a casa le succedeva di passare davanti alla casa di Giselda e la vedeva ferma sulla soglia, così smunta e umiliata, entrava nel cortile, frugava nella borsa e le regalava quel che le era avanzato, diceva, dalle sue distribuzioni ai clienti.

Le prime ad accorgersene furono le ragazze, se non altro perché il passo danzante del bel giovane aveva attraversato anche i loro cuori; ma non si sentirono la forza di contenderlo a Marcellina – che lo teneva in pugno, non c'era da farsi illusioni.[32] Il giovane, poi, sembrava pieno di ammirazione per lei, infatuato addirittura; e si lagnava della madre, invece, ch'era avara e sospettosa, della scomodità della vecchia casa nuda dove tutto l'inverno aveva patito il freddo, lui, un figlio del sole! Quando si fidanzarono (e fu certamente lei che gli domandò di sposarlo, le ragazze ci avrebbero messo la mano sul fuoco,[33] lui sembrò felicissimo, entusiasta; sembrava non stesse nella pelle[34] d'entrare in quella casa civettuola ai piedi della collina, scintillante di ottoni lucidi e di vetri limpidi, ovattata di piume come un nido – con stufa e frigorifero. Aveva preparato bene le cose, Marcellina, non c'era niente da dire, proprio come se l'avesse saputo da sempre che un giorno sarebbe riuscito a completare in tal modo il suo arredamento.

Le nozze si fecero alle ferie d'agosto. Il banchetto durò fino al tramonto nella celebre locanda di un paesetto sul confine, dove Marcellina sembrava essere molto conosciuta – e nessuno ne domandò la ragione. Il maresciallo non fu invitato perché sarebbe sembrata davvero una provocazione; ma s'incontrarono, lui e Marcellina, al ritorno dal suo viaggio di nozze dans le Midi. Dopo averle fatto ironicamente gli auguri: – Be', – le disse, – ti metterai quieta adesso che ti sei sposata?

Caro maresciallo! – sospirò lei con dolcezza, una mano sul manubrio, la bicicletta inclinata e un piede a terra. – Non vi siete accorto che mi sono presa un marito di lusso? Così giovane, così bello? Uno che si lascia comandare, proprio come volevo io, ma che deve vivere come un principe, anche questo voglio. Fra non molto non lo vedrete più lavorare in tuta, a servizio d'altri. Aprirò per lui un'officina, o una bottega. Quindi devo lavorare assai di più, d'ora innanzi. – Pedalò via agitando una mano in aria. – Ciao, maresciallo, buona fortuna anche a voi.

Un treno s'era fermato alla stazione, giusto allora, e mentre quello, furioso, sibilava tra i baffi: – Guarda un po' che faccia di bronzo,[35] viene anche a dirmelo! – da una sponda all'altra delle rotaie, come sempre, si udivano le voci dei ferrovieri che chiamavano gioiosamente: – Marcellina! dove sei, Marcellina?

# Natalia Ginzburg
## La madre

La madre era piccola e magra, con le spalle un po' curve; portava
sempre una sottana blu e una blusa di lana rossa. Aveva i capelli
neri crespi e corti, li ungeva sempre con dell'olio perché non
stessero tanto gonfi;[1] ogni giorno si strappava le sopracciglia, ne
faceva due pesciolini neri che guizzavano verso le tempie;
s'incipriava il viso di una cipria gialla. Era molto giovane; quanti
anni avesse loro non sapevano ma pareva molto più giovane delle
madri dei loro compagni di scuola; i ragazzi si stupivano sempre a
vedere le madri dei loro compagni, com'erano grasse e vecchie.
Fumava molto e aveva le dita macchiate dal fumo; fumava anche la
sera a letto, prima d'addormentarsi. Dormivano tutti e tre insieme,
nel grande letto matrimoniale con la trapunta gialla; la madre stava
dal lato della porta, sul comodino aveva una lampada col paralume
fasciato d'un cencio rosso, perché la notte leggeva e fumava; certe
volte rientrava molto tardi, i ragazzi si svegliavano allora e le
chiedevano dov'era stata: lei quasi sempre rispondeva: – Al cinema –, oppure: – Da una mia amica; chi fosse quest'amica non
sapevano perché nessuna amica era mai venuta a casa a trovare la
madre. Lei diceva loro che dovevano girarsi dall'altra[2] mentre si
spogliava, sentivano il fruscìo veloce degli abiti, sui muri
ballavano ombre; s'infilava nel letto accanto a loro, magro corpo
nella fredda camicia di seta, si mettevano discosti da lei perché
sempre si lamentava che le stavano addosso e le davano calci nel
sonno; qualche volta spegneva la luce perché loro s'addormen-
tassero e fumava zitta nell'ombra.

La madre non era importante. Era importante la nonna, il nonno,
la zia Clementina che abitava in campagna e arrivava ogni tanto
con castagne e farina gialla; era importante Diomira, la serva, era
importante Giovanni, il portinaio tisico che faceva delle sedie di
paglia; tutte queste persone erano molto importanti per i due
ragazzi perché erano gente forte di cui ci si poteva fidare, gente

forte nel permettere e nel proibire, molto bravi in tutte le cose che facevano e pieni sempre di saggezza e di forza; gente che poteva difendere dai temporali e dai ladri. Ma se erano soli in casa con la madre i ragazzi avevano paura proprio come se fossero stati soli; quanto al permettere e al proibire lei non permetteva né proibiva mai nulla, al massimo si lamentava con una voce stanca: – Non fate tanto chiasso perché io ho mal di testa, – e se le domandavano il permesso di fare una cosa o l'altra lei subito rispondeva: – Chiedete alla nonna, – oppure diceva prima sì e poi no ed era tutta una confusione. Quando uscivano soli con la madre si sentivano incerti e malsicuri perché lei sempre sbagliava le strade e bisognava domandare al vigile e aveva poi un modo così buffo e timido di entrare nei negozi a chiedere le cose da comprare, e nei negozi dimenticava sempre qualcosa, i guanti o la borsetta o la sciarpa, e bisognava ritornare indietro a cercare e i ragazzi avevano vergogna.

La madre teneva i cassetti in disordine e lasciava tutte le cose in giro e Diomira al mattino quando rifaceva la stanza brontolava contro di lei. Chiamava anche la nonna a vedere e insieme raccoglievano calze e abiti e scopavano vie la cenere che era sparsa un po' dappertutto. La madre al mattino andava a fare la spesa: tornava a sbattere la rete sul tavolo di marmo in cucina e pigliava la sua bicicletta e correva all'ufficio dov'era impiegata. Diomira guardava tutto quello che c'era nella rete, toccava gli aranci a uno a uno e la carne, e brontolava e chiamava la nonna a vedere com'era brutta la carne. La madre tornava a casa alle due quando loro tutti avevano già mangiato e mangiava in fretta col giornale appoggiato al bicchiere e poi filava via in bicicletta di nuovo all'ufficio e la rivedevano un momento a cena, ma dopo cena quasi sempre filava via.

I ragazzi facevano i compiti nella stanza da letto. C'era il ritratto del padre, grande, a capo del letto, con la quadrata barba nera e la testa calva e gli occhiali cerchiati di tartaruga, e poi un altro suo ritrattino sul tavolo, con in collo il minore dei ragazzi. Il padre era morto quando loro erano molto piccoli, non ricordavano nulla di lui: o meglio c'era nella memoria del ragazzo più grande l'ombra d'un pomeriggio lontanissimo, in campagna dalla zia Clementina:

il padre lo spingeva sul prato in una carriolina verde; aveva trovato poi qualche pezzo di quella carriola, un manico e la ruota, in soffitta dalla zia Clementina; nuova era una bellissima carriola e lui era felice di averla; il padre lo spingeva correndo e la sua lunga barba svolazzava. Non sapevano niente del padre ma pensavano che doveva essere del tipo di quelli che son forti e saggi nel permettere e nel proibire; la nonna quando il nonno o Diomira si arrabbiavano contro la madre diceva che bisognava avere pietà di lei perché era stata molto disgraziata e diceva che se ci fosse stato Eugenio, il padre dei ragazzi, sarebbe stata tutt'un'altra donna, ma invece aveva avuto quella disgrazia di perdere il marito quando era ancora tanto giovane. C'era stata per un certo tempo anche la nonna paterna, non l'avevano mai veduta perché abitava in Francia ma scriveva e mandava dei regalini a Natale: poi aveva finito col morire perché era molto vecchia.

A merenda mangiavano castagne, o pane con l'olio e l'aceto, e poi se avevano finito il compito potevano scendere a giocare in piazzetta fra le rovine dei bagni pubblici, saltati in aria[3] in un bombardamento. In piazzetta c'erano molti piccioni e loro gli portavano del pane o si facevano dare da Diomira[4] un cartoccio di riso avanzato. Là s'incontravano con tutti i ragazzi del quartiere, compagni di scuola e altri che ritrovavano poi al ricreatorio[5] la domenica, quando facevano le partite al pallone con don Vigliani che si tirava su la sottana nera e tirava calci. Anche in piazzetta a volte giocavano al pallone o giocavano a ladri e carabinieri. La nonna di tanto in tanto si affacciava al balcone e gridava di non farsi male: era bello vedere dalla piazza buia le finestre illuminate della casa, là al terzo piano, e sapere che si poteva ritornare là, scaldarsi alla stufa e difendersi dalla notte. La nonna sedeva in cucina con Diomira e rammendavano le lenzuola; il nonno stava nella stanza da pranzo e fumava la pipa col berretto in testa. La donna era molto grassa, vestita di nero, e portava sul petto un medaglione col ritratto dello zio Oreste che era morto in guerra: era molto brava a cucinare le pizze e altre cose. La nonna li prendeva qualche volta sulle ginocchia, anche adesso che erano abbastanza grandi; era grassa, aveva un grande petto tutto molle; si vedeva da sotto lo scollo dell'abito nero la grossa maglia di lana bianca col bordo a festoni che si era fatta da sé.[6] Li prendeva sulle ginocchia e diceva nel suo dialetto delle parole tenere e come un poco pietose; e poi si tirava fuori dalla crocchia una lunga forcina di ferro e gli puliva le orecchie, e loro strillavano e volevano scappare e veniva sulla porta il nonno con la sua pipa.

Il nonno era prima professore di greco e di latino al liceo. Adesso era in pensione e scriveva una grammatica greca: molti dei suoi antichi studenti venivano ogni tanto a trovarlo, Diomira allora doveva fare il caffè; c'erano al cesso fogli di quaderno con versioni dal latino e dal greco, con le sue correzioni in rosso e blu. Il nonno aveva una barbetta bianca, un po' come quella d'una capra, e non bisognava far chiasso perché lui aveva i nervi stanchi da tanti anni che aveva fatto la scuola; era sempre un po' spaventato perché i prezzi crescevano e la nonna doveva sempre un po' litigare con lui al mattino, perché si stupiva sempre del denaro che ci voleva; diceva che forse Diomira rubava lo zucchero e si faceva il caffè di nascosto e Diomira allora sentiva e correva da lui a gridare, il caffè era per gli studenti che venivano sempre; ma questi erano piccoli incidenti che si quietavano subito e i ragazzi non si spaventavano, invece si spaventavano quando c'era una lite fra il nonno e la madre; succedeva certe volte se la madre rientrava molto tardi la notte, lui allora veniva fuori dalla sua stanza col cappotto sopra il pigiama e a piedi scalzi, e gridavano lui e la madre: lui diceva: – Lo so dove sei stata, lo so dove sei stata, lo so chi sei, – e la madre diceva: – Cosa me ne importa – [7]diceva: – Ecco, guarda che m'hai svegliato i bambini, – e lui diceva: – Per quello che te ne importa dei tuoi bambini. Non parlare perché lo so chi sei. Una cagna sei. Te ne corri in giro la notte da quella cagna pazza che sei –.[8] E allora venivano fuori la nonna e Diomira in camicia e lo spingevano nella sua stanza e facevano: 'Sss, sss' e la madre s'infilava nel letto e singhiozzava sotto le lenzuola, i suoi alti singhiozzi risuonavano nella stanza buia: i ragazzi pensavano che il nonno certo aveva ragione, pensavano che la madre faceva male a andare al cinema e dalle sue amiche la notte. Si sentivano molto infelici, spaventati e infelici, se ne stavano rannicchiati vicini nel caldo letto morbido e profondo, e il ragazzo più grande che era al centro si stringeva da parte per non toccare il corpo della madre: gli pareva che ci fosse qualcosa di schifoso nel pianto della madre, nel guanciale bagnato: pensava: 'Un ragazzo ha schifo di sua madre quando lei piange'. Di queste liti della madre col nonno non parlavano mai fra loro, evitavano accuratamente di parlarne: ma si volevano molto bene tra loro e stavano abbracciati stretti la notte quando la madre piangeva: al mattino si vergognavano un po' l'uno dell'altro, perché si erano abbracciati così stretti come per difendersi e perché c'era quella cosa di cui non volevano parlare; d'altronde si dimenticavano presto d'essere stati infelici, il giorno cominciava e sarebbero andati a scuola, e per la strada avrebbero trovato i compagni e giocato un momento sulla porta di scuola.

Nella luce grigia del mattino, la madre si alzava: col sottabito arrotolato alla vita, s'insaponava il collo e le braccia stando curva sulla catinella: cercava sempre di non farsi vedere da loro ma scorgevano nello specchio le sue spalle brune e scarne e le piccole mammelle nude: nel freddo i capezzoli si facevano scuri e sporgenti, sollevava le braccia e s'incipriava le ascelle: alle ascelle aveva dei peli ricciuti e folti. Quando era tutta vestita cominciava a strapparsi le sopracciglia, fissandosi nello specchio da vicino e stringendo forte le labbra: poi si spalmava il viso d'una crema e scuoteva forte il piumino di cigno color rosa acceso e s'incipriava: il suo viso diventava allora tutto giallo. Certe volte era abbastanza allegra al mattino e voleva parlare coi ragazzi, chiedeva della scuola e dei compagni e raccontava qualcosa del tempo che lei era a scuola: aveva una maestra che si chiamava 'signorina Dirce' ed era una vecchia zitella che voleva fare la giovane. Poi s'infilava il cappotto e pigliava la rete della spesa, si chinava a baciare i ragazzi e correva via con la sciarpa avvolta intorno al capo e col suo viso tutto profumato e incipriato di cipria gialla.

I ragazzi trovavano strano d'esser nati da lei. Sarebbe stato molto meno strano nascere dalla nonna o da Diomira, con quei loro grandi corpi caldi che proteggevano dalla paura, che difendevano dai temporali e dai ladri. Era molto strano pensare che la loro madre era quella, che lei li aveva contenuti un tempo nel suo piccolo ventre. Da quando avevano saputo che i bambini stanno nella pancia della madre prima di nascere, si erano sentiti molto stupiti e anche un po' vergognosi che quel ventre li avesse contenuti un tempo. E anche gli aveva dato il latte con le sue mammelle: e questo era ancora più inverosimile. Ma adesso non aveva più figli piccoli da allattare e cullare, e ogni giorno la vedevano filare via in bicicletta dopo la spesa, con uno scatto libero e felice del corpo. Lei non apparteneva certo a loro: non potevano contare su di lei. Non potevano chiederle nulla: c'erano altre madri, le madri dei loro compagni, a cui era chiaro che si poteva chiedere un mondo di cose; i compagni correvano dalle madri dopo ch'era finita la scuola e chiedevano un mondo di cose, si facevano soffiare il naso e abbottonare il cappotto, mostravano i compiti e i giornaletti: queste madri erano abbastanza vecchie, con dei cappelli o con delle velette o con baveri di pelliccia e venivano quasi ogni giorno a parlare con il maestro: erano gente come la nonna o come Diomira, grandi corpi mansueti e imperiosi di gente che non sbagliava: gente che non perdeva le cose, che non lasciava i cassetti in disordine, che non rientrava tardi la notte. Ma la loro madre filava via libera dopo la spesa, del resto faceva male la spesa, si faceva imbrogliare dal macellaio, molte volte anche le davano il resto sbagliato: filava via e non era possibile raggiungerla lì dov'era, loro in fondo l'ammiravano molto quando filava via: chi sa com'era quel suo ufficio, non ne parlava spesso: doveva battere a macchina e scriver lettere in francese e in inglese: chi sa, forse in questo era abbastanza brava.

Un giorno ch'erano andati a fare una passeggiata con don Vigliani e con altri ragazzi del ricreatorio, al ritorno videro la madre in un caffè di periferia. Stava seduta dentro il caffè, la videro dai vetri, e un uomo era seduto con lei. La madre aveva posato sul tavolo la sua sciarpa scozzese e la vecchia borsetta di coccodrillo che conoscevano bene: l'uomo aveva un largo paltò chiaro e dei baffi castani e parlava con lei sorridendo: la madre aveva un viso felice, disteso e felice, come non aveva mai a casa. Guardava l'uomo e si tenevano le mani, e lei non vide i ragazzi: i ragazzi continuarono a camminare accanto a don Vigliani che diceva a tutti di far presto perché bisognava prendere il tram: quando furono in tram il ragazzo più piccolo si avvicinò al fratello e gli disse: – Hai visto la mamma, – e il fratello disse: – No, non l'ho vista –. Il più piccolo rise piano e disse: – Ma sì che l'hai vista, era proprio la mamma e c'era un signore con lei –. Il ragazzo più grande volse via la testa: era grande, aveva quasi tredici anni: il fratello minore lo irritava perché gli faceva pena, non capiva perché ma gli faceva pena, aveva pena anche di sé e non voleva pensare a quella cosa che aveva visto, voleva fare come se non avesse visto nulla.

Non dissero niente alla nonna. Al mattino mentre la madre si vestiva il ragazzo piccolo disse: – Ieri quando siamo andati a fare la passeggiata con don Vigliani ti abbiamo vista e c'era anche quel signore con te –. La madre si volse di scatto,[9] aveva un viso cattivo: i pesciolini neri sulla sua fronte guizzarono e si congiunsero insieme. Disse: – Ma non ero io. Figurati. Devo stare in ufficio fino a tardi la sera, lo sai. Si vede che vi siete sbagliati –. Il ragazzo grande disse allora, con una voce stanca e tranquilla: – No, non eri tu. Era una che ti somigliava –. E tutti e due i ragazzi capirono che quel ricordo doveva sparire da loro: e tutti e due respirarono forte per soffiarlo via.

Ma l'uomo dal paltò chiaro venne una volta a casa. Non aveva il paltò perché era estate, aveva degli occhiali azzurri e un vestito di tela chiara, chiese il permesso di levarsi la giacca mentre pranzavano. Il nonno e la nonna erano andati a Milano a incontrarsi con certi parenti e Diomira era andata al suo paese, loro dunque erano soli con la madre. Venne allora quell'uomo. C'era un pranzo abbastanza buono: la madre aveva comprato quasi tutto alla rosticceria: c'era il pollo con le patate fritte e questo veniva dalla rosticceria: la madre aveva fatto la pastasciutta, era buona, solo la salsa s'era un po' bruciata. C'era anche del vino. La madre era nervosa e allegra, voleva dire tante cose insieme: voleva parlare dei ragazzi all'uomo e dell'uomo ai ragazzi. L'uomo si chiamava Max ed era stato in Africa, aveva molte fotografie dell'Africa e le mostrava: c'era la fotografia d'una sua scimmia, i ragazzi gli chiesero molto di questa scimmia; era così intelligente e gli voleva bene e aveva un fare così buffo e carino quando voleva avere una caramella. Ma l'aveva lasciata in Africa perché era malata e aveva paura che morisse nel piroscafo. I ragazzi fecero amicizia con questo Max. Lui promise di portarli al cinema una volta. Gli mostrarono i loro libri, non ne avevano molti: lui chiese se avevano letto Saturnino Farandola e loro dissero di no e disse che gliel'avrebbe regalato, e poi anche Robinson delle praterie[10] perché era molto bello. Dopo pranzo la madre disse loro di andare al ricreatorio a giocare. Avrebbero voluto rimanere ancora con Max. Protestarono un poco ma la madre e anche Max dissero che dovevano andare; e la sera quando ritornarono a casa non c'era più Max. La madre preparò in fretta la cena, caffelatte e insalata di patate: loro erano contenti, volevano parlare dell'Africa e della scimmia, erano straordinariamente contenti e non capivano bene perché: e anche la madre pareva contenta e raccontava delle cose, una scimmia che aveva visto ballare sull'organetto una volta. Poi disse loro di coricarsi e disse che sarebbe uscita per un momentino, non dovevano aver paura, non c'era motivo; si chinò a baciarli e disse che era inutile raccontare di Max al nonno e alla nonna perché loro non avevano mai piacere che s'invitasse la gente.

Dunque rimasero soli con la madre per alcuni giorni: mangiavano delle cose insolite perché la madre non aveva voglia di cucinare; prosciutto e marmellata e caffelatte e cose fritte della rosticceria. Poi lavavano i piatti tutti insieme. Ma quando il nonno e la nonna tornarono i ragazzi si sentirono sollevati: c'era di nuovo la tovaglia sulla tavola a pranzo e i bicchieri e tutto quello che ci voleva: c'era di nuovo la nonna seduta nella poltrona a dondolo col suo corpo mansueto e col suo odore: la nonna non poteva scappar via, era troppo vecchia e troppo grassa, era bello avere qualcuno che stava in casa e non poteva mai scappar via.

I ragazzi alla nonna non dissero nulla di Max. Aspettavano il libro di Saturnino Farandola e aspettavano che Max li portasse al cinema e mostrasse altre fotografie della scimmia. Una volta o due chiesero alla madre quando sarebbero andati al cinema col signor Max. Ma la madre rispose dura che il signor Max adesso era partito. Il ragazzo più piccolo chiese se non era forse andato in Africa. La madre non rispose nulla. Ma lui pensava che certo era andato in Africa a ripigliarsi la scimmia. S'immaginava che un giorno o l'altro venisse a prenderli a scuola, con un servo negro e con la scimmia in collo. Ricominciarono le scuole e venne la zia Clementina a stare un po' da loro: aveva portato un sacco di pere e di mele che si mettevano a cuocere a forno col marsala e lo zucchero. La madre era molto di cattivo umore e litigava di continuo col nonno. Rientrava molto tardi la notte e stava sveglia a fumare. Era molto dimagrita e non mangiava nulla. Il suo viso si faceva sempre più piccolo, giallo; adesso anche si dava il nero alle ciglia, sputava dentro una scatoletta e con uno spazzolino tirava su il nero lì dove aveva sputato; metteva moltissima cipria, la nonna voleva levargliela col fazzoletto e lei scostava via il viso. Non parlava quasi mai e quando parlava pareva che facesse fatica, la sua voce veniva su debole. Un giorno tornò a casa nel pomeriggio verso le sei: era strano, di solito rientrava molto più tardi; si chiuse a chiave nella stanza da letto. Il ragazzo più piccolo venne a bussare perché aveva bisogno d'un quaderno: la madre rispose da dentro, con una voce arrabbiata, che voleva dormire e la lasciassero in pace; il ragazzo spiegò timidamente che gli serviva il quaderno;[11] allora venne ad aprire e aveva la faccia tutta gonfia e bagnata: il ragazzo capì che stava piangendo, tornò dalla nonna e disse: – La mamma piange, – e la nonna e la zia Clementina parlarono a lungo sottovoce tra loro, parlavano della madre ma non si capiva cosa dicevano.

Una notte la madre non ritornò a casa. Il nonno venne molte volte a vedere, scalzo, col cappotto sul pigiama; venne anche la nonna e i ragazzi dormirono male, sentivano la nonna e il nonno che camminavano per la casa, aprivano e chiudevano le finestre. I ragazzi avevano molta paura. Poi al mattino telefonarono dalla questura: la madre l'avevano trovata morta in un albergo, aveva preso del veleno, aveva lasciato una lettera: andarono il nonno e la zia Clementina, la nonna urlava, i ragazzi furono mandati al piano di sotto da una vecchia signora che diceva continuamente: – Senza cuore, lasciare due creature così –. La madre la riportarono a casa. I ragazzi andarono a vederla quando l'ebbero distesa sul letto: Diomira le aveva messo le scarpe di vernice e l'aveva vestita col vestito di seta rossa di quando s'era sposata: era piccola, una piccola bambola morta.

Riusciva strano vedere fiori e candele nella solita stanza. Diomira e la zia Clementina e la nonna stavano inginocchiate a pregare: avevano detto che s'era preso il veleno per sbaglio, perché se no il prete non veniva a benedirla, se sapeva che l'aveva fatto apposta. Diomira disse ai ragazzi che la dovevano baciare: si vergognavano terribilmente e la baciarono uno dopo l'altro sulla gota fredda. Poi ci fu il funerale, durò molto, traversarono tutta la città e si sentivano molto stanchi: c'era anche don Vigliani, poi c'erano tanti ragazzi della scuola e del ricreatorio. Faceva freddo, al cimitero tirava un gran vento. Quando tornarono a casa, la nonna si mise a piangere e a gridare davanti alla bicicletta nell'andito: perché pareva proprio di vederla quando filava via, col suo corpo libero e la sciarpa che svolazzava nel vento: don Vigliani diceva che adesso era in Paradiso, perché lui forse non sapeva che l'aveva fatto apposta, o lo sapeva e faceva finta di niente[12]: ma i ragazzi non sapevano bene se il Paradiso c'era davvero, perché il nonno diceva di no, e la nonna diceva di sì, e la madre una volta aveva detto che non c'è il Paradiso, con gli angiolotti e con la bella musica, ma da morti si va[13] in un posto dove non si sta né bene né male, e dove non si desidera nulla, e siccome non si desidera nulla ci si riposa e si sta molto in pace.

I ragazzi andarono in campagna per qualche tempo dalla zia Clementina. Tutti erano molto buoni con loro, e li baciavano e li accarezzavano, e loro avevano molta vergogna. Non parlarono mai della madre fra loro, e neppure del signor Max; nella soffitta della zia Clementina trovarono il libro di Saturnino Farandola e lo lessero e trovarono che era bello. Ma il ragazzo più grande pensava tante volte alla madre, come l'aveva vista quel giorno al caffè, con Max che le teneva le mani e con un viso così disteso e felice; pensava allora che forse la madre aveva preso il veleno perché Max era forse tornato in Africa per sempre. I ragazzi giocavano col cane della zia Clementina, un bel cane che si chiamava Bubi, e impararono ad arrampicarsi sugli alberi, perché prima non erano capaci. Andavano anche a fare il bagno nel fiume, ed era bello tornare la sera dalla zia Clementina e fare i cruciverba tutti insieme. I ragazzi erano molto contenti di stare dalla zia Clementina. Poi tornarono a casa dalla nonna e furono molto contenti. La nonna sedeva nella poltrona a dondolo, e voleva pulir loro le orecchie con le sue forcine. La domenica andavano al cimitero, veniva anche Diomira, compravano dei fiori e al ritorno si fermavano al bar a prendere il ponce caldo. Quando erano al cimitero, davanti alla tomba, la nonna pregava e piangeva, ma era molto difficile pensare che le tombe e le croci e il cimitero c'entrassero per qualche cosa[14] con la madre, quella che si faceva imbrogliare dal macellaio e filava via in bicicletta, e fumava e sbagliava le strade e singhiozzava la notte. Il letto era ora molto grande per loro, e avevano un guanciale per uno. Non pensavano spesso alla madre perché faceva un po' male e vergogna pensarci. Si provavano a volte a ricordare com'era, in silenzio ciascuno per conto suo: e si trovavano a mettere insieme sempre più faticosamente i capelli corti e ricciuti e i pesciolini neri sulla sua fronte e le labbra: metteva molta cipria gialla, questo lo ricordavano bene; a poco a poco ci fu un punto giallo, impossibile riavere la forma delle gote e del viso. Del resto adesso capivano che non l'avevano amata molto, forse anche lei non li amava molto; se li avesse amati non avrebbe preso il veleno – così avevano sentito che diceva Diomira e il portinaio e la signora del piano di sotto e tanta altra gente. Gli anni passavano e i ragazzi crescevano e succedevano tante cose e quel viso che non avevano molto amato svaniva per sempre.

# Anna Maria Ortese
## Un paio di occhiali

– Ce sta' o sole ... 'o sole![1] – canticchiò, quasi sulla soglia del basso,[2] la voce di don Peppino Quaglia. – Lascia fa' a Dio,[3] – rispose dall'interno, umile e vagamente allegra, quella di sua moglie Rosa, che gemeva a letto con i dolori artritici, complicati da una malattia di cuore; e soggiunse, rivolta a sua cognata che si trovava nel gabinetto: – Sapete che faccio, Nunziata? Più tardi mi alzo e levo i panni dall'acqua.

– Fate come volete, per me è una vera pazzia, – disse dal bugigattolo la voce asciutta e triste di Nunziata; – con i dolori che tenete,[4] un giorno di letto in più non vi farebbe male! – Un silenzio. – Dobbiamo mettere dell'altro veleno, mi sono trovato uno scarrafone nella manica, stamattina.

Dal lettino in fondo alla stanza, una vera grotta, con la volta bassa[5] di ragnatele penzolanti, si levò, fragile e tranquilla, la voce di Eugenia:

– Mammà, oggi mi metto gli occhiali.

C'era una specie di giubilo segreto nella voce modesta della bambina, terzogenita di don Peppino (le prime due, Carmela e Luisella, stavano con le monache, e presto avrebbero preso il velo,[6] tanto s'erano persuase che questa vita è un castigo; e i due piccoli, Pasqualino e Teresella, ronfavano ancora, capovolti, nel letto della mamma).

– Sì, e scàssali subito, mi raccomando![7] – insisté, dietro la porta dello stanzino, la voce sempre irritata della zia. Essa faceva scontare a tutti i dispiaceri della sua vita,[8] primo fra gli altri quello di non essersi maritata e di dover andar soggetta, come raccontava, alla carità della cognata, benché non mancasse di aggiungere che offriva questa umiliazione a Dio. Di suo, però, aveva qualche cosa da parte, e non era cattiva, tanto che si era offerta lei di fare gli occhiali ad Eugenia, quando in casa si erano accorti che la bambina non ci vedeva. – Con quello che costano! Ottomila lire vive vive![9]

– soggiunse. Poi si sentì correre l'acqua nel catino. Si stava lavando la faccia, stringendo gli occhi pieni di sapone, ed Eugenia rinunciò a risponderle.

Del resto era troppo, troppo contenta.

Era stata una settimana prima, con la zia, da un occhialaio di Via Roma. Là, in quel negozio elegante, pieno di tavoli lucidi e con un riflesso verde, meraviglioso, che pioveva da una tenda,[10] il dottore le aveva misurato la vista, facendole leggere più volte, attraverso certe lenti che poi cambiava, intere colonne di lettere dell'alfabeto, stampate su un cartello, alcune grosse come scatole, altre piccolissime come spilli. – Questa povera figlia è quasi cecata, – aveva detto poi, con una specie di commiserazione, alla zia, – non si deve più togliere le lenti –. E subito, mentre Eugenia, seduta su uno sgabello, e tutta trepidante, aspettava, le aveva applicato sugli occhi un altro paio di lenti col filo di metallo bianco, e le aveva detto: – Ora guarda nella strada –. Eugenia si era alzata in piedi, con le gambe che le tremavano per l'emozione, e non aveva potuto reprimere un piccolo grido di gioia. Sul marciapiede passavano, nitidissime, appena più piccole del normale, tante persone ben vestite: signore con abiti di seta e visi incipriati, giovanotti coi capelli lunghi e il pullover colorato, vecchietti con la barba bianca e le mani rosa appoggiate sul bastone da pomo d'argento; e, in mezzo alla strada, certe belle automobili che sembravano giocattoli, con la carrozzeria dipinta in rosso o in verde petrolio, tutta luccicante; filobus grandi come case, verdi, coi vetri abbassati, e dietro i vetri tanta gente vestita elegantemente; al di là della strada, sul marciapiede opposto, c'erano negozi bellissimi, con le vetrine come specchi, piene di roba fina, da dare una specie di struggimento;[11] alcuni commessi col grembiule nero, le lustravano dall'esterno. C'era un caffè coi tavolini rossi e gialli e delle ragazze sedute fuori, con le gambe una sull'altra e i capelli d'oro. Ridevano e bevevano in bicchieri grandi, colorati. Al di sopra del caffè, balconi aperti, perché era già di primavera, con tende ricamate che si muovevano, e dietro le tende, pezzi di pittura azzurra e dorata, e lampadari pesanti d'oro e cristalli, come cesti di frutta artificiale, che scintillavano. Una meraviglia. Rapita da tutto quello splendore, non aveva seguito il dialogo tra il dottore e la zia.

La zia, col vestito marrò della messa, e tenendosi distante dal banco di vetro, con una timidezza poco naturale in lei, abbordava ora la questione del prezzo: – Dottò,[12] mi raccomando, fateci risparmiare... povera gente siamo... – e, quando aveva sentito 'ottomila lire', per poco non si era sentita mancare.

– Due vetri![13] Che dite! Gesù Maria!

– Ecco quando si è ignoranti... – rispondeva il dottore, riponendo le altre lenti dopo averle lustrate col guanto, – non si calcola nulla. E metteteci due vetri, alla creatura, mi saprete dire se ci vede meglio. Tiene nove diottrìe da una parte, e dieci dall'altra,[14] se lo volete sapere... è quasi cecata.

Mentre il dottore scriveva nome e cognome della bambina: 'Eugenia Quaglia, vicolo della Cupa a Santa Maria in Portico',[15] Nunziata si era accostata ad Eugenia, che sulla soglia del negozio, reggendosi gli occhiali con le manine sudice, non si stancava di guardare: – Guarda, guarda bella mia! Vedi che cosa ci costa questa tua consolazione! Ottomila lire, hai sentito? Ottomila lire, vive vive! – Quasi soffocava. Eugenia era diventata tutta rossa, non tanto per il rimprovero, quanto perché la signorina della cassa le guardava, mentre la zia le faceva quell'osservazione che denunziava la miseria della famiglia. Si tolse gli occhiali.

Mo[16] come va, così giovane e già tanto miope? – aveva chiesto la signorina a Nunziata, mentre firmava la ricevuta dell'anticipo; e anche sciupata! – soggiunse.

– Signorina bella, in casa nostra tutti occhi buoni teniamo, questa è una sventura che ci è capitata... insieme alle altre. Dio sopra la piaga mette il sale...

– Tornate fra otto giorni, – aveva detto il dottore, ve li farò trovare.

Uscendo, Eugenia aveva inciampato nello scalino.

– Vi ringrazio, zi' Nunzia, – aveva detto dopo un poco; – io sono sempre scostumata con voi, vi rispondo, e voi così buona mi comprate gli occhiali –

La voce le tremava.

– Figlia mia, il mondo è meglio non vederlo che vederlo – aveva risposto con improvvisa malinconia Nunziata.

Neppure questa volta Eugenia le aveva risposto. Zi' Nunzia era spesso così strana, piangeva e gridava per niente, diceva tante brutte parole e, d'altra parte, andava a messa con compunzione, era una buona cristiana, e quando si trattava di soccorrere un disgraziato, si offriva sempre, piena di cuore. Non bisognava badarle.[17]

Da quel giorno, Eugenia aveva vissuto in una specie di rapimento, in attesa di quei benedetti occhiali che le avrebbero permesso di vedere tutte le persone e le cose nei loro minuti particolari. Fino allora, era stata avvolta in una nebbia: la stanza dove viveva, il cortile sempre pieno di panni stesi, il vicolo traboccante di colori e di grida, tutto era coperto per lei da un velo sottile: solo il viso dei familiari, la mamma specialmente e i fratelli, conosceva bene, perché spesso ci dormiva insieme, e qualche volta si svegliava di notte, e al lume della lampada a olio, li guardava. La mamma dormiva con la bocca aperta, si vedevano i denti rotti e gialli; i fratelli, Pasqualino e Teresella, erano sempre sporchi e coperti di foruncoli, col naso pieno di catarro: quando dormivano, facevano un rumore strano, come se avessero delle bestie dentro. Eugenia, qualche volta, si sorprendeva a fissarli, senza capire, però che stesse pensando. Sentiva confusamente che al di là di quella stanza, sempre piena di panni bagnati, con le sedie rotte e il gabinetto che puzzava, c'era della luce, dei suoni, delle cose belle; e, in quel momento che si era messa gli occhiali, aveva avuto una vera rivelazione: il mondo, fuori, era bello, bello assai.

– Marchesa, omaggi...[18]

Questa era la voce di suo padre. La spalla coperta da una camicia stracciata, che fino a quel momento era stata inquadrata dalla porta del basso, non si vide più. La voce della marchesa, una voce placida e indifferente, diceva adesso:

– Dovreste farmi un piacere, don Peppino...

– Ai vostri ordini... comandate...

Eugenia sgusciò dal letto, senza far rumore, s'infilò il vestito e venne sulla porta, ancora scalza. Il sole, che di prima mattina, da una fenditura del caseggiato, entrava nel brutto cortile, le venne incontro, così puro e meraviglioso, illuminò il suo viso di piccola vecchia, i capelli come stoppa, tutti arruffati, le manine ruvide, legnose, con le unghie lunghe e sporche. Oh, se in quel momento avesse avuto gli occhiali! La marchesa era là, col suo vestito di seta nera, la cravattina di pizzo bianco, con quel suo aspetto maestoso e benigno, che incantava Eugenia, le mani bianche e piene di gioelli; ma il viso non si vedeva bene, era una macchia bianchiccia, ovale. Là sopra, tremavano delle piume viola.

– Sentite, dovreste rifarmi il materasso del bambino... potete salire verso le dieci e mezza?

– Con tutto il cuore, ma io sarei disposto nel pomeriggio, signora marchesa ...

– No, don Peppino, di mattina deve essere. Nel pomeriggio viene gente. Vi mettete sul terrazzo e lavorate. Non vi fate pregare...[19] fatemi questo favore... Ora sta suonando la messa. Quando sono le dieci e mezza, mi chiamate...

E, senza aspettare risposta, si allontanò, scansando accortamente un filo d'acqua gialla che scorreva da un terrazzino e aveva fatto una pozza a terra.

– Papà, – disse Eugenia andando dietro a suo padre che rientrava nel basso, – la marchesa quant'è buona! Vi tratta come un galantuomo. Il signore glielo deve rendere!

– Una buona cristiana, questo è, – rispose, con tutt'altro significato di quello che si sarebbe potuto intendere, don Peppino. Con la scusa ch'era proprietaria della casa, la marchesa D'Avanzo si faceva servire continuamente dalla gente del cortile; a don Peppino, per i materassi, metteva in mano una miseria;[20] Rosa, poi, era sempre a sua disposizione per le lenzuola grandi, anche se le ossa le bruciavano si doveva alzare per servire la marchesa; è vero che le figlie gliele aveva fatte chiudere lei, e così aveva salvato due anime dai pericoli di questo mondo, che pei poveri sono tanti, ma per quel terraneo, dove tutti si erano ammalati, si pigliava tremila lire, non una di meno. – Il cuore ci sarebbe, sono i soldi che mancano, – amava ripetere con una certa flemma. – Oggi, caro don Peppino, i signori siete voi, che non avete pensieri... Ringraziate... ringraziate la provvidenza, che vi ha messo in questa condizione... che vi ha voluto salvare... Donna Rosa aveva una specie di adorazione per la marchesa, per i suoi sentimenti religiosi: quando si vedevano, parlavano sempre dell'altra vita. La marchesa ci credeva poco, ma non lo diceva, ed esortava quella madre di famiglia a pazientare e sperare.

Dal letto, donna Rosa chiese, un po' preoccupata: – Le hai parlato? – Vuole fare il materasso al nipote, – fece don Peppino annoiato. Portò fuori il trepiede col fornello per scaldare un po' di caffè, regalo delle monache, e rientrò ancora per prendere dell'acqua in un pentolino. – Non glielo faccio per meno di cinquecento, – disse.

– È un prezzo giusto.

– E allora, chi va a ritirare gli occhiali di Eugenia? domandò zi' Nunzia uscendo dallo sgabuzzino. Aveva, sopra la camicia, una gonna scucita, ai piedi le ciabatte. Dalla camicia, le uscivano le spalle puntate, grige come pietre. Si stava asciugando la faccia in un tovagliolo. – Io, per me, non ci posso andare, e Rosa è malata...

Senza che nessuno li vedesse, i grandi occhi quasi ciechi di Eugenia si riempirono di lacrime. Ecco, forse sarebbe passata un'altra giornata senza che avesse i suoi occhiali. Andò vicino al letto della madre, abbandonò le braccia e la fronte sulla coperta, in un atteggiamento compassionevole. Una mano di donna Rosa si allungò a carezzarla.

– Ci vado io, Nunzia, non vi scaldate...[21] anzi, uscire mi farà bene...

– Mammà...

Eugenia le baciava una mano.

Alle otto, c'era una grande animazione nel cortile. Rosa era uscita in quel momento dal portone, alta figura allampanata, col cappotto nero, senza spalline, pieno di macchie e corto da scoprirle le gambe simili a bastoncini di legno, la borsa della spesa sotto il braccio, perché al ritorno dall'occhialaio avrebbe comprato il pane. Don Peppino, con una lunga scopa in mano, stava togliendo l'acqua di mezzo al cortile, fatica inutile perché il mastello ne dava continuamente,[22] come una vena aperta. Là dentro c'erano i panni di due famiglie: le sorelle Greborio, del primo piano, e la moglie del cavaliere Amodio, che aveva avuto un bambino due giorni avanti. Era appunto la serva della Greborio, Lina Tarallo, che stava sbattendo i tappeti a un balconcino, con un fracasso terribile. La polvere scendeva a poco a poco, mista a vera immondizia, come una nuvola, su quella povera gente, ma nessuno ci faceva caso. Si sentivano strilli acutissimi e pianti: era zi' Nunzia, che dal basso, chiamava a testimoni tutti i santi per affermare ch'era stata una disgraziata, e la causa di tutto questo era Pasqualino che piangeva e urlava come un dannato perché voleva andare dietro alla mamma.

– Vedetelo, questo sforcato! – gridava zi' Nunzia. – Madonna bella, fatemi la grazia, fatemi morire, ma subito, se ci state, tanto in questa vita non stanno bene che i ladri e le male femmine –.

Teresella, più piccola di suo fratello, perché era nata l'anno che il re era andato via, seduta sulla soglia di casa, sorrideva, e, ogni tanto, leccava un cantuccio di pane che aveva trovato sotto una sedia.

Seduta sullo scalino di un altro basso, quello di Mariuccia la portinaia, Eugenia guardava un pezzo di giornale per ragazzi, ch'era caduto dal terzo piano, con tante figurine colorate. Ci stava col naso sopra,[23] perché se no non leggeva le parole. Si vedeva un fiumicciatolo azzurro, in mezzo a un prato che non finiva mai, e una barca rossa che andava... andava... chissà dove. Era scritto in italiano, e per questo lei non capiva troppo, ma ogni tanto, senza un motivo, rideva.

– Così, oggi ti metti gli occhiali? – disse Mariuccia, affacciandosi alle sue spalle. Tutti, nel cortile, lo sapevano, e perché Eugenia non aveva resistito alla tentazione di raccontarlo, e anche perché zia Nunzia aveva trovato necessario far capire che, in quella famiglia, lei spendeva del suo... e che insomma...

– Te li ha fatti la zia, eh? soggiunse Mariuccia, sorridendo bonariamente. Era una donna piccola, quasi nana, con un viso da uomo, pieno di baffi. In quel momento si stava pettinando i lunghi capelli neri, che le arrivavano al ginocchio: una della poche cose che attestassero che era anche una donna. Se li pettinava lentamente, sorridendo coi suoi occhietti di topo, furbi e buoni.

– Mammà li è andati a ritirare a Via Roma, – disse Eugenia con uno sguardo di gratitudine. – Li abbiamo pagato ottomila lire, sapete? Vive vive... La zia è... – stava aggiungendo 'proprio buona', quando zi' Nunzia, affacciandosi al basso, chiamò inviperita: – Eugenia!

60

– Eccomi qua, zia! – e corse come un cane.

Dietro la zia, Pasqualino, tutto rosso e sbalordito, con una smorfia terribile, tra lo sdegno e la sorpresa, aspettava.

– Vammi a comprare due caramelle da tre lire l'una, da don Vincenzo il tabaccaio. Torna subito!

– Sì zia.

Prese i soldi nel pugno, senza più curarsi del giornale, e uscì lesta dal cortile.

Per un vero miracolo scansò un carro di verdura alto come una torre e tirato da due cavalli, che le stava venendo addosso all'uscita del portone. Il carrettiere, con la frusta sguainata, sembrava cantasse, e dalla bocca gli uscivano intanto queste parole: 'bella... fresca', strascicate e piene di dolcezza, come un canto d'amore. Quando il carro fu alle sue spalle, lei, alzando in alto i suoi occhi sporgenti, scorse quel bagliore caldo, azzurro, ch'era il cielo, e sentì, senza però vederla chiaramente, la gran festa che c'era intorno. Carretti, uno dietro l'altro; grossi camion con americani vestiti di giallo[24] che si sporgevano dal finestrino, biciclette che sembrava rotolassero. In alto, balconi erano tutti ingombri di cassette fiorite, e alle inferriate penzolavano, come gualdrappe di cavallo, come bandiere, coperte imbottite gialle e rosse, straccetti celesti di bambini, lenzuola, cuscini e materassi esposti all'aria, e si snodavano le corde dei canestri che scendevano in fondo al vicolo per ritirare la verdura o il pesce offerto dai venditori ambulanti. Benché il sole non toccasse che i balconi più alti (la strada era come una spaccatura nella massa disordinata delle case), e il resto non fosse che ombra e immondizia, si presentiva, là dietro, l'enorme festa della primavera. E pur così piccola e scialba, legata come un topo al fango del suo cortile, Eugenia cominciava a respirare con una certa fretta, come se quell'aria, quella festa e tutto quell'azzurro ch'erano sospesi sul quartiere dei poveri, fossero anche cosa sua. Mentre entrava dal tabaccaio, la sfiorò il paniere giallo della serva di Amodio, Buonincontri Rosaria. Era grassa, vestita di nero, con le gambe bianche e il viso acceso, pacifico.

– Di' a mammà se oggi può salire un momento sopra, la signora Amodio le deve fare un'ambasciata.

Eugenia la riconobbe alla voce.

– Ora non ci sta. È andata a Via Roma a ritirarmi gli occhiali.

– Io pure me li dovrei mettere, ma il mio fidanzato non vuole.

Eugenia non afferrò il senso di quella proibizione. Rispose solo, ingenuamente:

– Costano assai assai, bisogna tenerli riguardati.

Entrarono insieme nel buco di don Vincenzo. C'era gente. Eugenia era respinta sempre indietro. – Fatti avanti ... sei proprio cecata, – osservò con un bonario sorriso la serva di Amodio.

– Ma zi' Nunzia ora le fa gli occhiali, – intervenne, strizzando l'occhio, con aria d'intesa scherzosa, don Vincenzo che aveva sentito. Anche lui portava gli occhiali.

– Alla tua età, – disse porgendole le caramelle, – ci vedevo come un gatto, infilavo gli aghi di notte, mia nonna mi voleva sempre appresso... Ma ora sono invecchiato.

Eugenia assentì vagamente.

– Le mie compagne, nessuna tengono le lenti,[25] – disse. Poi rivolta alla Buonincontri, ma parlando anche per don Vincenzo: – Io sola... Nove diottrìe da una parte e dieci dall'altra ... sono quasi cecata! – sottolineò dolcemente.

– Vedi quanto sei fortunata... – disse don Vincenzo ridendo; e a Rosaria: – Quanto di sale?

– Povera creatura! – commentò la serva di Amodio mentre Eugenia usciva, tutta contenta. – È l'umidità che l'ha rovinata. In quella casa ci chiove.[26] Ora donna Rosa ha i dolori nelle ossa. Datemi un chilo di sale grosso, e un pacchetto di quello fino...

– Sarete servita.

– Che mattinata, eh, oggi, don Vincenzo? Sembra già l'estate.

Camminando più adagio di quando era venuta, Eugenia cominciò a sfogliare, senza rendersene ben conto, una delle due caramelle, e poi se la infilò in bocca. Sapeva di limone. – Dico a zi' Nunzia che l'ho perduta per la strada, – propose dentro di sé. Era contenta, non le importava se la zia, così buona, si sarebbe arrabbiata. Si sentì prendere una mano, e riconobbe Luigino.

– Sei proprio cecata! – disse ridendo il ragazzo. – E gli occhiali?

– Mammà è andata a prenderli a Via Roma.

– Io non sono andato a Scuola, è una bella giornata, perché non ce ne andiamo a camminare un poco?

– Sei pazzo! Oggi devo stare buona...

Luigino la guardava e rideva, con la sua bocca come un salvadanaio, larga fino alle orecchie, sprezzante.

– Tutta spettinata...

Istintivamente, Eugenia si portò una mano ai capelli.

– Io non ci vedo buono,[27] e mammà non tiene tempo, – rispose umilmente.

– Come sono questi occhiali? Col filo dorato? – s'informò Luigino.

– Tutto dorato! – rispose Eugenia mentendo, – lucenti lucenti!

– Le vecchie portano gli occhiali, – disse Luigino.

– Anche le signore, le ho viste a Via Roma.

– Quelli sono neri, per i bagni, – insisté Luigino.

– Parli per invidia. Costano ottomila lire...

– Quando li hai avuti, fammeli vedere, – disse Luigino. – Mi voglio accertare se il filo è proprio dorato... sei così bugiarda... e se ne andò per i fatti suoi fischiettando.

Rientrando nel portone, Eugenia si domandava ora con ansia se i suoi occhiali avrebbero avuto o no il filo dorato. In caso negativo, che si poteva dire a Luigino per persuaderlo ch'erano una cosa di valore? Però, che bella giornata! Forse mammà stava per tornare con gli occhiali chiusi in un pachetto... Fra poco li avrebbe avuti sul viso... avrebbe... Una furia di schiaffi si abbatté sulla sua testa. Una vera rovina. Le sembrava di crollare; inutilmente si difendeva con le mani. Era zi' Nunzia, naturalmente, infuriata per il ritardo, e dietro zi' Nunzia, Pasqualino, come un ossesso, perché non credeva alla storia delle caramelle. – Butta il sangue!...Tieni!...Brutta cecata!...E io che ho dato la vita mia per questa ingratitudine... Finire male, devi! Ottomila lire, vive vive! Il sangue mi tolgono dalle vene, questi sforcati...

Lasciò cadere le mani solo per scoppiare in un gran pianto.

– Vergine Addolorata, Gesù mio, per le piaghe del vostro costato, fatemi morire!...

Anche Eugenia piangeva, dirottamente.

– 'A zi', perdonatemi... 'a zi'...

– Uh... uh... uh... – faceva Pasqualino, con la bocca spalancata.

– Povera creatura… – fece donna Mariuccia andando vicino ad Eugenia, che non sapeva dove nascondere la faccia, tutta rigata di rosso e di lacrime davanti al dispiacere della zia; – non l'ha fatto apposta, Nunzia… calmatevi – E ad Eugenia:

– Dove tieni le caramelle?

Eugenia rispose piano, perdutamente, offrendo l'altra nella manina sporca: – Una l'ho mangiata. Tenevo fame.

Prima che la zia si muovesse di nuovo, per buttarsi addosso alla bambina, si sentì la voce della marchesa, dal terzo piano, dove c'era il sole, chiamare piano, placidamente, soavemente:

– Nunziata!

Zi' Nunzia levò in alto il viso amareggiato, come quello della Madonna dei Setti Dolori, che stava a capo del letto suo.

– Oggi è il primo venerdì di mese.[28] Offritelo a Dio.

– Marchesa, quanto siete buona! Queste creature mi fanno fare tanti peccati, io mi sto perdendo l'anima, io… – E crollava il viso tra le mani come zampe, mani di faticatore, con la pelle marrone, squamata.

– Vostro fratello non ci sta?

– Povera zia, essa ti fa pure gli occhiali, e tu così la ringrazi … – diceva intanto Mariuccia a Eugenia che tremava.

– Sissignora, eccomi qua… – rispose don Peppino, che fino a quel momento era stato mezzo nascosto dietro la porta del basso, agitando un cartone davanti al fornello dove cuocevano i fagioli per il pranzo.

– Potete salire?

– Mia moglie è andata a ritirare gli occhiali di Eugenia… io sto badando ai fagioli… vorrebbe aspettare, se non vi dispiace…

– Allora, mandatemi su la creatura. Tengo un vestito per Nunziata. Glielo voglio dare…

– Dio ve ne renda merito…[29] obbligatissimo, – rispose don Peppino con un sospiro di consolazione, perché era quella l'unica cosa che poteva calmare sua sorella. Ma, guardando Nunziata, si accorse che essa non si era affatto rallegrata. Continuava a piangere dirottamente, e quel pianto aveva tanto stupito Pasqualino, che il bambino si era chetato per incanto, e ora si leccava il catarro che gli scendeva dal naso, con un piccolo, dolce sorriso.

– Hai sentito? Sali su dalla signora marchesa, ti deve dare un vestito… – disse don Peppino alla figlia…

Eugenia stava guardando qualche cosa nel vuoto, con gli occhi che non ci vedevano: erano fissi fissi, e grandi. Trasalì e si alzò subito, obbediente.

– Dille: 'Dio ve ne renda merito', e rimani fuori la porta.

– Sì, papà.

– Mi dovete credere, Mariuccia, – disse zi' Nunzia, quando Eugenia si fu allontanata, – io a quella creatura le voglio bene, e dopo mi pento, quanto è vero Dio, di averla strapazzata. Ma mi sento tutto il sangue alla testa, mi dovete credere, quando devo combattere con i ragazzi. La gioventù se n'è andata, lo vedete… – e si toccava le guance infossate. A volte mi sento come una pazza…

– D'altra parte, pure loro debbono sfogare, – rispose donna Mariuccia, – sono anime innocenti. Avranno tempo per piangere. Io, quando li vedo, e penso che devono diventare tale a quale a noi… – andò a prendere una scopa e spinse via una foglia di cavolo dalla soglia, – mi domando che cosa fa Dio.

– Ve lo siete tolto nuovo nuovo! – disse Eugenia piantando il naso sul vestito verde steso sul sofà in cucina, mentre la marchesa andava cercando un giornale vecchio per involtarlo.

La D'Avanzo pensò che la bambina non ci vedeva davvero, perché se no si sarebbe accorta che il vestito era vecchissimo e pieno di rammendi (era di sua sorella morta), ma si astenne dal far commenti. Solo dopo un momento, mentre veniva avanti col giornale, domandò:

– E gli occhiali te li ha fatti la zia? Sono nuovi?

– Col filo dorato. Costano ottomila lire, – rispose d'un fiato Eugenia, commuovendosi ancora una volta al pensiero del privilegio che le toccava, – perché sono quasi cecata, aggiunse semplicemente.

– Secondo me, – fece la marchesa, involtando con dolcezza il vestito nel giornale, e poi riaprendo il pacco perché una manica veniva fuori, – tua zia se le poteva risparmiare. Ho visto degli occhiali ottimi, in un negozio all'Ascensione, per sole duemila lire.

Eugenia si fece di fuoco.[30] Capì che la marchesa era dispiaciuta.
– Ognuno nel suo rango... tutti ci dobbiamo limitare... – l'aveva
sentita dire tante volte, parlando con donna Rosa che le portava i
panni lavati, e si fermava a lamentarsi della penuria.

– Forse non erano buoni... io tengo nove diottrìe... ribatté
timidamente.

La marchesa inarcò un ciglio, ma Eugenia per fortuna non lo
vide.

– Erano buoni, ti dico... – si ostinò con la voce leggermente più
dura la D'Avanzo. Poi si pentì. – Figlia mia, – disse più dolcemente, – parlo così perché so i guai di casa tua. Con seimila lire di
differenza, ci compravate il pane per dieci giorni, ci compravate...
A te, che ti serve veder bene? Per quello che tieni intorno!... – Un
silenzio. – A leggere, leggevi?

– Nossignora.

– Qualche volta, invece, ti ho vista col naso sul libro. Anche
bugiarda, figlia mia ... non sta bene ...

Eugenia non rispose più. Provava una vera disperazione, fissava
gli occhi quasi bianchi sul vestito.

– È seta? – domandò stupidamente.

La marchesa la guardava, riflettendo.

– Non te lo meriti, ma ti voglio fare un regaluccio, – disse a un
tratto, e si avviò verso un armadio di legno bianco. In quel
momento il campanello del telefono, ch'era nel corridoio,
cominciò a squillare, e invece d'aprire l'armadio la D'Avanzo uscì
per rispondere all'apparecchio. Eugenia, oppressa da quelle parole, non aveva neppure sentito la consolante allusione della
vecchia, e appena fu sola, si mise a guardare intorno come le
consentivano i suoi poveri occhi. Quante cose belle, fini! Come nel
negozio di Via Roma! E lì, proprio davanti a lei, un balcone aperto,
con tanti vasetti di fiori.

Uscì sul balcone. Quant'aria, quanto azzurro! Le case, come
coperte da un velo celeste, e giù il vicolo, come un pozzo, con tante
formiche che andavano e venivano... come i suoi parenti... Che
facevano? Dove andavano? Uscivano e rientravano nei buchi,
portando grosse briciole di pane, questo facevano, avevano fatto
ieri avrebbero fatto domani, sempre... sempre. Tanti buchi, tante

66

formiche. E intorno, quasi invisibile nella gran luce, il mondo fatto da Dio, col vento, il sole, e laggiù il mare pulito, grande... Stava lì, col mento inchiodato sui ferri, improvvisamente pensierosa, con un'espressione di dolore che la imbruttiva, di smarrimento. Suonò la voce della marchesa, placida, pia. Teneva in mano, nella sua liscia mano d'avorio, un librettino foderato in cartone nero, con le lettere dorate.

– Sono pensieri di santi, figlia mia. La gioventù, oggi, non legge niente, e per questo il mondo ha cambiato strada. Tieni, te lo regalo. Ma mi devi promettere di leggerne un poco ogni sera, ora che ti sei fatti gli occhiali.

– Sissignora, – disse Eugenia frettolosamente, arrossendo di nuovo perché la marchesa l'aveva trovata sul balcone: e prese il libretto che essa le dava. La D'Avanzo la guardò compiaciuta.

– Iddio ti ha voluto preservare, figlia mia! – disse andando a prendere il pacchetto col vestito e mettendoglielo tra le mani. – Non sei bella, tutt'altro, e sembri già una vecchia. Iddio ti ha voluto prediligere, perché così non avrai occasioni di male. Ti vuole santa, come le tue sorelle.

Senza che queste parole la ferissero veramente, perché da tempo era già come inconsciamente preparata a una vita priva di gioia, Eugenia ne provò lo stesso un turbamento. E le parve, sia pure un attimo, che il sole non brillasse più come prima, e anche il pensiero degli occhiali cessò di rallegrarla. Guardava vagamente, coi suoi occhi quasi spenti, un punto del mare, dove si stendeva come una lucertola, di un colore verde smorto, la terra di Posillipo. – Di' a papà, proseguiva intanto la marchesa, – che pel materasso del bambino oggi non se ne fa niente. Mi ha telefonato mia cugina, starò a Posillipo tutto il giorno.

– Io pure, una volta, ci sono stata ... – cominciava Eugenia, rianimandosi a quel nome a guardando, incantata, da quella parte.

– Sì? Veramente? – La D'Avanzo era indifferente, per lei quel nome non significava nulla. Con tutta la maestà della sua persona, accompagnò la bambina, che ancora si voltava verso quel punto luminoso, alla porta che chiuse adagio alle sue spalle.

Fu mentre scendeva l'ultimo gradino, e usciva nel cortile, che quell'ombra che le aveva oscurato la fronte da qualche momento scomparve, e la sua bocca s'aperse a un riso di gioia, perché Eugenia aveva visto arrivare sua madre. Non era difficile riconoscere la sua logora, familiare figura. Gettò il vestito su una sedia, e le corse incontro.

– Mammà! Gli occhiali!

– Piano, figlia mia, mi buttavi a terra!

Subito, si fece una piccola folla intorno. Donna Mariuccia, don Peppino, una delle Greborio, che si era fermata a riposarsi su una sedia prima di cominciare le scale, la serva di Amodio che rientrava in quel momento, e, inutile dirlo, Pasqualino e Teresella, che volevano vedere anche loro, e strillavano allungando le mani. Nunziata, dal canto suo, stava osservando il vestito che aveva tolto dal giornale, con un viso deluso.

– Guardate, Mariuccia, mi sembra roba vecchia assai ... è tutto consumato sotto le braccia! – disse accostandosi al gruppo. Ma chi le badava? In quel momento, donna Rosa si toglieva dal collo del vestito l'astuccio degli occhiali, e con cura infinita lo apriva. Una specie d'insetto lucentissimo, con due occhi grandi grandi e due antenne ricurve, scintillò in un raggio smorto di sole, nella mano lunga e rossa di donna Rosa, in mezzo a quella povera gente ammirata.

– Ottomila lire ... una cosa così! – fece donna Rosa guardando religiosamente, eppure con una specie di rimprovero, gli occhiali.

Poi, in silenzio, li posò sul viso di Eugenia, che estatica tendeva le mani, e le sistemò con cura quelle due antenne dietro le orecchie.

– Mo ci vedi? domandò accorata.

Eugenia, reggendoli con le mani, come per paura che glieli portassero via, con gli occhi mezzo chiusi e la bocca semiaperta in un sorriso rapito, fece due passi indietro, così che andò a intoppare in una sedia.

– Auguri! – disse la serva di Amodio.

– Auguri! – disse la Greborio.

– Sembra una maestra, non è vero? – osservò compiaciuto don Peppino.

– Neppure ringrazia! – fece zi' Nunzia, guardando amareggiata il vestito. – Con tutto questo, auguri!

– Tiene paura, figlia mia! – mormorò donna Rosa, avviandosi

verso la porta del basso per posare la roba. – Si è messi gli occhiali per la prima volta! – disse alzando la testa al balcone del primo piano, dove si era affacciata l'altra sorella Greborio.

– Vedo tutto piccolo piccolo, – disse con una voce strana, come se venisse da sotto una sedia, Eugenia. – Nero nero.

– Si capisce; la lente è doppia. Ma vedi bene? chiese don Peppino. – Questo è l'importante. Si è messi gli occhiali per la prima volta, – disse anche lui, rivolto al cavaliere Amodio che passava con un giornale aperto in mano.

– Vi avverto, – disse il cavaliere a Mariuccia, dopo aver fissato per un momento, come fosse stata solo un gatto, Eugenia, – che la scala non è stata spazzata... Ho trovato delle spine di pesce davanti alla porta! – E si allontanò curvo, quasi chiuso nel suo giornale, dove c'era notizia di un progetto-legge[31] per le pensioni, che lo interessava.

Eugenia, sempre tenendosi gli occhiali con le mani, andò fino al portone, per guardare fuori, nel vicolo della Cupa. Le gambe le tremavano, le girava la testa, e non provava più nessuna gioia. Con le labbra bianche voleva sorridere, ma quel sorriso si mutava in una smorfia ebete. Improvvisamente i balconi cominciarono a diventare tanti, duemila, centomila; i carretti con la verdura le precipitavano addosso; le voci che riempivano l'aria, i richiami, le frustate, le colpivano la testa come se fosse malata; si volse barcollando verso il cortile, e quella terribile impressione aumentò. Come un imbuto viscido il cortile, con la punta verso il cielo e i muri lebbrosi fitti di miserabili balconi; gli archi dei terranei, neri, coi lumi brillanti a cerchio intorno all'Addolorata; il selciato bianco di acqua saponata, le foglie di cavolo, i pezzi di carta, i rifiuti, e, in mezzo al cortile, quel gruppo di cristiani[32] cenciosi e deformi, coi visi butterati dalla miseria e dalla rassegnazione, che la guardavano amorosamente. Cominciarono a torcersi, a confondersi, a ingigantire. Le venivano tutti addosso, gridando, nei due cerchietti stregati degli occhiali. Fu Mariuccia per prima ad accorgersi che la bambina stava male, e a strapparle in fretta gli occhiali, perché Eugenia si era piegata in due e, lamentandosi, vomitava.

– Le hanno toccato lo stomaco! – gridava Mariuccia reggendole la fronte. – Portate un acino di caffè, Nunziata!

– Ottomila lire, vive vive! – gridava con gli occhi fuor della testa zi' Nunzia, correndo nel basso a pescare un chicco di caffè in un barattolo sulla credenza; e levava in alto gli occhiali nuovi, come per chiedere una spiegazione a Dio. – E ora sono anche sbagliati!

– Fa sempre così, la prima volta, – diceva tranquillamente la serva di Amodio a donna Rosa. – Non vi dovete impressionare; poi a poco a poco si abitua.

– È niente, figlia, è niente, non ti spaventare! – Ma donna Rosa si sentiva il cuore stretto al pensiero di quanto erano sfortunati.

Tornò zi' Nunzia col caffè, gridando ancora: – Ottomila lire, vive vive! – intanto che Eugenia, pallida come una morta, si sforzava inutilmente di rovesciare, perché non aveva più niente. I suoi occhi sporgenti erano quasi torti dalla sofferenza, e il suo viso di vecchia inondato di lacrime, come istupidito. Si appoggiava a sua madre e tremava.

– Mammà, dove stiamo?

– Nel cortile stiamo, figlia mia, – disse donna Rosa pazientemente; e il sorriso finissimo, tra compassionevole e meravigliato, che illuminò i suoi occhi, improvvisamente rischiarò le facce di tutta quella povera gente.

– È mezza cecata!

– È mezza scema, è!

– Lasciatela stare, povera creatura, è meravigliata, – fece donna Mariuccia, e il suo viso era torvo di compassione, mentre rientrava nel basso che le pareva più scuro del solito.

Solo zi' Nunzia si torceva le mani:

– Ottomila lire, vive vive.

# Elsa Morante
## *Il cugino Venanzio*

Il cugino Venanzio aveva sulla tempia sinistra un piccolo segno bianco, in forma di virgola, che la zia Nerina, sua madre, affermava essere una voglia di luna.[1] Ella raccontava infatti di aver guardato una sera, nel tempo che aspettava il cugino Venanzio, la luna nuova; e di aver contemplato con tanta passione quell'aureo seme di luce buttato nel cielo, che esso aveva germogliato in lei, rispuntando in forma rimpicciolita[2] e spenta sulla tempia del cugino Venanzio.

Con quella voglia di luna in testa, il cugino Venanzio era minuscolo, e così magro che le sue scapole sporgevano simili a due ali mozze, e tutto il suo corpo, sotto la pelle sottile e fragile come scorza di cipolla, mostrava le giunture minute, i tremanti ossicini. Aveva riccioli neri, ma sempre tanto impolverati da parer grigi, e occhi neri e spalancati, pieni di malinconia; e i suoi movimenti erano sempre nervosi e frettolosi, come di leprotto in fuga sotto la luna. Il cugino Venanzio non piangeva mai; in luogo di piangere, inghiottiva, e subito si poteva vedere quell'amaro boccone di lagrime ingrossargli la gola, came un nodo, e andare in su e in giù. E il cugino Venanzio faceva un piccolo sorriso, mettendo in luce fra le labbra sottili i dentini radi e ombrati. Ma, per la fatica d'inghiottire quel nodo, si faceva assai pallido.

La zia Nerina, madre del cugino Venanzio, aveva sempre un gran da fare la mattina, prima di andare all'ufficio dei telefoni dov'era impiegata e ciò per causa dei suoi boccoli. La sera, ella aveva diviso i propri capelli in tanti ciuffi abboccolati chiudendoli in cartocci di giornale; e la mattina doveva scartocciarli. Questa dei bocconi era la massima cura che ella consacrasse alla sua persona; per il resto, infatti, era tutta infagottata, e tenuta insieme a forza di spille.[3] I suoi tacchi altissimi di legno erano sempre storti, ed essa si vantava di non usare la cipria, avendo sugli zigomi il dono di un colorito naturale vagamente scarlatto. Era sempre agitata al punto

che le sua risate parevano singhiozzi, e la sua voce che chiamava –
Venanzio! Venanzio! – squillante e tremula, ci dava un
raccapriccio strano.

Tutti i fratelli di Venanzio si occupavano di qualche cosa: il
maggiore scriveva romanzi d'appendice; il secondo giocava al
calcio ed era fornito di muscoli robusti; il terzo andava a scuola, e
sempre era promosso con lo scappellotto,[4] diceva la zia Nerina. Ma
il quarto, Venanzio, non faceva niente: a che serviva mandarlo a
scuola? Egli stava zitto nel suo banco, è vero, ma non ascoltava
affatto quel che diceva il maestro. Se questi[5] d'improvviso gli
gridava con voce di Giudizio Universale: – Che cosa ho detto?
Rossini, ripeti! – Venanzio allargava la bocca in quel suo sorriso
confuso e interrogativo, e le sue orecchie un po' sporgenti
tremavano in un modo tanto curioso. Mai come in questi momenti
egli pareva un leprotto. Era evidente che si vergognava di esser uno
che si dimentica di tutte le cose. Le idee gli si staccavano dalla
mente come gocciole di rugiada da un albero: stavano un momento
sospese, brillavano vagamente, e cascavano.

Solo una cosa egli sapeva a memoria, ed era la canzone
seguente, fatta di due soli versi, che aveva inventata lui stesso:

> Emidio il marinaio
> che va e va e va.

E sempre la cantava, con una vocettina stonata.

Inoltre, egli conosceva i superlativi, che usava con grandissima
soddisfazione. Quando la zia Nerina, di ritorno dall'ufficio dei
telefoni, gli diceva: – Amore mio, sei stato buono oggi? – egli
garantiva: – Ottimo. – ... il contrario di pessimo, – aggiungeva,
dopo essere rimasto un momento sopra pensiero. E infine: – il più
buonissimo,[6] – concludeva, strizzando gli occhi per la fatica.

Tutte le mattine, prima di avviarsi all'ufficio dei telefoni, la zia
Nerina prendeva il battipanni e picchiava il cugino Venanzio.
Infatti, ella spiegava, il cugino Venanzio ne faceva tante[7] durante la
giornata, e tutti i giorni ne faceva tante, che si era sicuri di non
sbagliare picchiandolo tutte le mattine appena sveglio. Così per
tutto il resto della giornata non ci si pensava più. Dunque, la zia

Nerina prendeva i battipanni e si accostava al letto del cugino Venanzio; e il cugino faceva il suo sorriso e inghiottiva: – Venanzio, diceva allora la zia Nerina, – tirati su la camicia da notte, perché devo picchiarti –. E poi se ne andava all'ufficio dei telefoni, dopo avere scartocciato i suoi boccoli, s'intende.

E il papà andava in giro a cercare assicurazioni per gli incendi, e il fratello maggiore in tipografia, e il secondo all'allenamento, e il terzo a scuola: in casa restava solo il cugino Venanzio. Egli girava intorno alla casa, e di corsa su e giù per le scale, e si affacciava alle finestre cantando la canzone di Emidio e combinava centinaia di guai.[8] Se di mezza dozzina di bicchieri lui ne toccava uno, proprio quell'uno cascava. E i ladri di galline, sapendo che in casa era rimasto solo il cugino Venanzio, si davano appuntamento a casa sua e gli rubavano le galline sotto il naso. Una sola incombenza egli aveva: e cioè di accendere il gas a mezzogiorno e di mettere su l'acqua per la pasta; ma la cosa riusciva rarissime volte, perché, ad esempio, il cugino Venanzio metteva su la pentola con l'acqua senza accendere il gas, oppure accendeva il gas e metteva su la pentola vuota.

Egli portava una camiciola senza bottoni, e un paio di calzoni che arrivavano a lui dopo aver appartenuto successivamente ai fratelli più grandi: il tutto tenuto su con spilli da balia. I suoi piedi erano nudi e, a furia di camminare nudi, avevano fatto i ditini piatti e a ventaglio, come le zampette di un anatroccolo.

Ma non basta: il cugino Venanzio era sonnambulo. Per questa ragione i suoi fratelli, dopo avergli dato molti calci, si rifiutavano di dormire nella stessa camera con lui; e dunque lui dormiva sopra un lettuccio pieghevole nel corridoio. Di là si levava nel mezzo della notte, e camminava nel sonno. Gli accadeva di svegliarsi d'improvviso, come in fondo ad una vallata, in angoli remotissimi che il buio gli rendeva infidi e stranieri. E, coperto di sudore per la paura, a tastoni andava in cerca del suo letto. Gli capitava poi di fare nel sonno cose strane, delle quali alla mattina si era dimenticato. E qui torna a proposito la storia delle bandierine.

Un giorno, la zia Nerina si comperò un bel vestito di crespo marocchino[9] tutto stampato a bandierine su fondo nero. Si trattava di bandierine non più grandi di un francobollo, eppure magnifiche.

C'erano quelle di tutti i paesi, con disegni di stelle minute, o di gigli rossi su fondo bianco, o di bianche croci in campo rosso. Per il piacere che gli dava la vista di quelle bandierine, il cugino Venanzio saltò intorno al vestito ridendo a gola spiegata. E la zia Nerina gli disse: – Non ti venga in mente, cocchino mio, di ritargliarle giro giro, eh?[10]

Ebbene, il cugino Venanzio, in quella notte vide, com'egli mi raccontò, una ridda volante di bandierine che a migliaia sventolavano nel suo sonno. Cercò di scacciarle credendole zanzare, ma quelle tornavano. E, sempre dormendo, si alzò e andò nel salotto dov'era il vestito nuovo, ben composto sul divano buono; e accese la luce e, accovacciato in un angolo del salotto, con un grosso paio di forbici cominciò a ritagliare accuratamente le bandierine. La zia Nerina racconta che in quel punto ebbe un avvertimento celeste e, svegliatasi di soprassalto,[11] corse nel salotto. Ma già il cugino Venanzio aveva ritagliato tutto il davanti del vestito dove, al posto delle bandierine, c'erano tanti buchi quadrati.

Il cugino Venanzio non aveva ancora otto anni quando morí. La gente diceva che i suoi cigli eccessivamente voltati in su, le orecchie sporgenti e le unghie ovali che parevano staccarsi dalle dita, tutto faceva capire fin da prima che sarebbe morto. Non aveva ancora otto anni quando fu preso da un forte mal di testa e, dopo essere stato qualche giorno addormentato con una borsa di ghiaccio sopra, fece un gran respiro e si spense. Si vide, per le finestre spalancate, la zia Nerina correre su e giù per le scale gridando: – Figlietto mio! Venanzio! Aiutatemi! Aiutatemi! –; tutta spettinata, senza cartocci né boccoli, così che i suoi capelli, com'ebbe a dire la nostra cameriera Valchiria, parevano quattro zeppi in croce.[12] E il cugino Venanzio, con zampette di anatroccolo e riccioli impolverati, ma vestito dalla testa ai piedi, stavolta, di un elegantissimo completo turchino, fu messo nella cassa e sulla carrozza da morto. Addio, Venanzio. Tutti i cugini biancovestiti partecipavano al funerale, ma non piangevano, stupiti piuttosto e alquanto gelosi per quel grande lusso di fiocchi d'oro, cavalli e cocchiere in livrea in onore del solo Venanzio. Soltanto una cugina, che seguiva assieme agli altri, vestita, in mancanza di un vero abito bianco, del suo grembiule bianco di scuola con su ricamato: Seconda B, soltanto costei piangeva. Il fatto è che una volta il cugino Venanzio, per amore di un nastro ch'ella portava nei capelli, l'aveva chiesta in moglie. Ed ella, in mancanza di altri pretendenti, si era promessa a lui; e adesso era disperata, all'idea di restare zitella.

# Lalla Romano
## *Cheneil d'autunno*

Non ero mai stata a Cheneil d'autunno. Torno lassú da vent'anni, ma sempre tra giugno e luglio, quando per lo più siamo in tre o quattro clienti nell'albergo. Ora, in settembre, trovo la stessa solitudine, ma un silenzio piú assoluto. In estate – anzi primavera per i duemila metri di Cheneil[1] – il silenzio è fatto di infiniti minimi suoni, ronzii, flauti di uccelli. Oggi, mentre salgo, arrivano dalle pendici opposte della valle i rari latrati dei cani pastori, netti come in un vuoto; e così il richiamo dei galli dalle case lontane. Una limpidezza che è già inverno.

C'è un odore, sul sentiero, come di vino: dev'essere la fermentazione delle foglie, che marciscono ai piedi dei cespugli. Lamponi maturi, che nessuno coglie, si staccano molli e cadono nell'erba folta.

La conca che ho sempre visto verde e grigia, chiazzata di neve, ha mutato colore. Fino alla roccia che appare pallida, quasi azzurra, la montagna è rossa, appena macchiata qua e là dal giallo spento dell'erba secca. Non è il rosso tenero, carnicino, dei rododendri; ma quasi congestionato, febbrile (come dice Shelley nell'Ode al vento d'autunno). Nonostante questa nuova bellezza, la conca appare povera. Non c'è traccia di nevai, nemmeno sotto il Tournalin;[2] spente quasi del tutto, ridotte a un filo[3] le alte cascate che scendono dagli spalti in fondo alla conca. Anche sulle montagne di fronte, lungo la Grande Muraille, non c'è piú traccia di neve; e i ghiacciai laggiù, sotto la Dent d'Hérens e il Cervino sono ridotti allo scheletro.

Arrivo alle case attraverso la prateria rasata dalla falciatura. Di vivo, in giro, c'è solamente un cagnolino da poco nato, incerto sulle gambe corte, rotondo e morbido come un manicotto. Carlotta, la padrona di turno[4] in questi anni, esce dalla cucina. Mi abbraccia come sempre, e subito mi dice che ieri è stata sotto il Tournalin, sul colle di Nana. Le luccicano gli occhi per l'orgoglio:

– In quattordici anni che sono qui, è la prima volta.

Carlotta si è un po' appesantita,[5] ma è ancora bella: solo il sorriso è guastato dai denti d'oro.

– Lucien mi diceva: 'C'è ancora da portare il fieno'[6]; ma io sono andata lo stesso. Alle due ero già qui, e ho portato fieno fino a sera. Ho visto il Rosa lassù. Era bello, bello... E oggi sono andate le bambine! Sono salite con la ragazza che ho preso per la stagione. Sono scese a St. Jacques, hanno già telefonato. Tornano domani.'

È felice. È un grosso avvenimento, per lei. Loro, tutti i Carrel,[7] sono orgogliosi della montagna, non la odiano come i giovani contadini o pastori di adesso. Familiari di guide, hanno ereditato la passione epica, magari un po'estetica, dei primi scalatori (contagiati dai clienti inglesi?). Ma non sono mai liberi di salirvi. Come formiche lavorano, lavorano sempre. Anche le due bambine lavorano già nell'albergo; ma lei ha cura che prendano[8] qualche vacanza. Le veste bene, fa studiare la più giovane, che è molto intelligente.

Siedo sulla panca che io chiamo 'della mattina', al sole. La panca dà sulla piazzetta a prato,[9] sulla quale si affacciano silenziose baite, e ha di fronte il Tournalin, oggi con tutte le sue rughe di pietra evidenti nella luce nuova.

Cheneil non è un villaggio, nemmeno una frazione.[10] Era, in origine, un alpeggio; poi sul principio del secolo sono sorti i due alberghi, case di pietra a tre piani. La piazzetta-prato tra le baite antiche e basse è un po' il simbolo di questo luogo felice.

Avverto un suono insolito: un leggero raschio, un fruscio metallico. Seguendo il suono, trovo la 'novità'.

Sul bordo estremo della conca, dalla parte della vecchia mulattiera – adesso si sale da una valletta laterale, portati fino a metà dalla seggiovia – hanno alzato un trabiccolo con dei pali.[11] Intorno trafficano Lucien, il marito di Carlotta, e Simon, il figlio di Vittorina 'della panna'.[12] Sono issati su un mucchio di balle di fieno, e Simon aiuta Lucien ad agganciarle man mano a un uncino che scorre su un cavo di ferro.[13] Il cavo è teso fino a un'altra stazione, al villaggio Promindoz, cinquecento metri più in basso, poi di lì fino al fondo valle.

– Come si faceva gli altri anni?

Mi risponde Lucien, col suo garbo asciutto, cantilenando al modo della valle:[14]

– Si portava giù con la slitta, d'inverno, quando il sentiero è ghiacciato.

Non c'è molto tecnicismo, nella rudimentale teleferica, ma è pur sempre un progresso. Mi domando come faranno quando il mucchio sarà prossimo all'esaurimento: saliranno su un tavolo?

Lì vicino è la baita 'della panna', ma sembra chiusa. – Già chiusa? – domando. I due uomini, indaffarati, non hanno udito.

Del resto, io so. Lidia, la sorella di Simon, non viene più a Cheneil. L'ho conosciuta bambina, poi ragazza: magra, bellina ma legnosa, dal lungo passo di montanara; sempre occupata a far qualcosa, mai ferma. Sembrava già un po' spenta, avviata precocemente a restare 'vieille fille';[15] invece si è sposata, un anno fa. La madre, eccola che mi viene incontro sul sentiero mentre torno all'albergo. Non è più l'alacre pulita donnetta di una volta; è sciatta, spettinata, ha la faccia gonfia, insonnolita: per un suo male che lei dice di cuore, ma che tutti sanno essere l'antico male di qui. Vittorina, ormai da anni, 'beve'. Non mi abbraccia, come anche lei faceva nel passato. Che sappia[16] di essere diventata sgradevole? Mi dice di Lidia, che aspetta un bambino; lei non la assisterà. Forse Lidia non la vuole accanto, in quello stato?

Questa solitudine, questo privilegiato silenzio che noi cerchiamo, che respiriamo più avidamente dell'aria pulita, per i nativi è una specie di prigione, da cui essi evadono col bicchiere di vino, la scodella di grappa. Pare che persino il signorile Lucien, austero e aristocratico come tutta la sua famiglia, indulga al 'verre de blanc', quando sosta a valle,[17] prima di risalire dietro al suo mulo. Si è adattato da qualche anno a questo lavoro, perché i mulattieri costano troppo.

– Non mangia, – dice Carlotta accorata. C'è anche, per loro, il guaio delle dentiere, che non vanno mai bene; bevono anche perché non riescono più a mangiare.

Mi informo da Carlotta di suo cognato Luigi, la guida famosa. Ormai lo vedo di rado a Cheneil; vive a Crettaz. Mi dice che è qui, sta 'facendo la Becca' con un cliente (suppongo la Becca d'Aran Sud, per parete). Sarà un cliente di qualità: Luigi non si spreca[18] sebbene i clienti siano ormai tanto rari. L'ho sentito una volta rispondere a due signorine (milanesi) che gli chiedevano se le avrebbe portate 'di peso'[19] sul Cervino:

– Oh, sì, si può anche fare così –. Adagio, con la sua gentilezza dolce e insieme dignitosa, che può sembrare distaccata, superba, con la sua cantilena marcata, che adesso i giovani vanno perdendo: – Ma non si deve. Non è cosí che si va sulla montagna –. E concluse: – La montagna bisogna goderla.

In questo 'goderla' è una consapevolezza non più tecnica, ma amorosa, da artista. Impassibile la sua faccia un po' grifagna di cuoio violaceo, che rammenta quella degli 'sherpa'. Luigi Carrel è ormai anziano, ma 'va' leggero, cauto e sicuro come un gatto.

Suo figlio Antonio è guida anche lui, adesso. L'ho conosciuto ragazzino; era alto, bello, scontroso e gran divoratore di libri. Eppure d'inverno scappava, dal suo collegio di Aosta. Invano il padre volle farne un dottore. Antonio è nato con la morte di sua madre ed è stato il beniamino delle zie,[20] Cecilia e Marie, le antiche reggitrici dell'albergo (quando io scopersi Cheneil). Ora, malaticce, vivono sempre a valle. Sono loro che si occupano dei campi laggiù, Antonio anche di questo non ha voluto saperne: della terra.

Del resto è così per tutti i giovani, adesso, anche per quelli che non possono aspirare a diventare guide. Sono in atto grandi mutamenti, nella vita di montagna. Non si affittano più i pascoli, non si trovano mandrie. – A Cervinia arriva già il burro da Milano, – mi dice Carlotta come mi annunziasse un disastro.

Ecco che attraversa il prato, a passi di lupo, una specie di 'fantasma', una vecchia lunga, un po' curva, ma agilissima. Va a rompere delle fascine, da un mucchio davanti a una stalla. È 'tante Caroline', la monaca di casa. È veramente una specie di mistica, vive qui sola tutto l'inverno; la domenica scende a valle per la messa, anche con la neve alta. Non parla con nessuno. Ignora i villeggianti. Se le si rivolge la parola,[21] risponde con gentilezza, però a monosillabi.

La sera c'è un ospite, nell'albergo, un giovane taciturno che sembra timido. L'indomani temiano per lui, perché è salito solo sul Tournalin, e la cima è coperta da una nube nera, tempestosa. Il Tournalin è una passeggiata per un alpinista, eppure fa sovente delle vittime. Carlotta non ha esposto il cannocchiale,[22] perché è sola e non ha avuto tempo; dice desolata: – Non l'abbiamo nemmeno guardato salire! – Ma il giovane, uno bravo, nella mattinata è già di ritorno.

Mentre scendo, nel pomeriggio, incrocio sul sentiero le 'bambine' di Carlotta. Hanno quattordici e sedici anni; Rosanna più dolce, Renata più scattante. Sono eleganti coi calzoni al ginocchio di velluto chiaro. Non sono stanche, sono fresche e felici.

Tra le foglioline scarlatte dei mirtilli, le ultime cavallette si trascinano penosamente. Non saltano più. Forse stanno per morire. Anch'esse hanno mutato colore. Sono gialle e rosse; la natura ha provveduto a rivestirle per l'autunno, anche se esse non potranno sopravvivere.

# Dacia Maraini
## *La ragazza con la treccia*

Una ragazza di quindici anni che cammina su per via Bruno Buozzi. Ha il passo rapido e indeciso. Cammina curva su se stessa[1] un pensiero recondito nascosto sotto l'arco delle ciglia. Potete immaginarla; non tanto alta, qualcosa di sbilenco nelle gambe lunghe e magre, le spalle larghe, il collo sottile, la testa minuta. Ha la vita esile, la ragazza che immaginate, tanto che in collegio la chiamavano 'formica' per quel giro di vita da stringere con due mani.[2] I capelli sono bruni e scendono stretti in una sola treccia al centro della schiena.

La ragazza è arrivata in città da pochi mesi scendendo da un paese in mezzo alle montagne. E le strade di Roma sono per lei così lunghe che rischia di perdersi, i caffè sono così luminosi che a volte li scambia per gioiellerie, le case sono così alte che le danno la vertigine anche solo a guardarle.

Per tre anni la ragazza con la treccia è stata chiusa in un collegio di suore lassù fra le montagne. Con le compagne aveva sfilato, in riga per due,[3] chiusa dentro una uniforme goffa di lana ruvida blu, per le strade del paese. Aveva guardato con struggimento il sole che spunta da dietro le rocce. Si era curata i geloni con la crema Nivea. Aveva amato moltissimo un cane che si chiamava Leone ed era morto di vecchiaia, cieco e sordo.

Quel giorno di maggio la ragazza con la treccia camminava per via Bruno Buozzi cercando un numero, il centotrentuno. Se lo ripeteva fra le labbra: uno, tre, uno, e poi, combinando i numeri: tredici, più uno, e ancora, cento più trenta più uno… centotrentuno… A quel numero avrebbe trovato il medico che l'avrebbe aiutato a… Non riusciva a dirselo, la lingua le si incollava a palato.[4] Come poteva un corpo così acerbo ospitare un altro corpo ancora più acerbo, tanto acerbo da non avere ancora una forma riconoscibile? Una creatura che pure sentiva in qualche modo distaccata da sé, con lo spessore di una voce lontana e prigioniera che ridacchiava in qualche angolo del suo ventre. Ma perché rideva? Non sapeva che fra poco avrebbe dovuto sloggiare da quel caldo rifugio e andarsene per le strade liquide e fredde di un cielo spazzato da venti argentini?

Rideva probabilmente di lei, di quella quindicenne che, con la treccia ciondolante sulla schiena, si incamminava su per via Bruno Buozzi cercando un numero composto da un uno, un tre e un altro uno.

Mentre premeva le scarpe da ginnastica sull'asfalto un poco ammorbidito dal sole la ragazza si chiedeva chi potesse essere il padre della creatura ridente. Da quando era arrivata a Roma aveva fatto una vita disordinata, piena di sorprese e rivelazioni.

Era uscita con un certo Vaccarella, un tipo cupo dagli occhiali dorati e i vestiti blu, che la portava in ristoranti di lusso, mangiava senza dire una parola stringendole la mano sotto la tovaglia e poi la portava in un albergo di piazza Barberini per fare l'amore come due sposi, con lenta pignoleria. Dopo si rivestiva di tutto punto,[5] cravatta, gilé, giacca blu e la accompagnava al taxi senza dire una parola.

Poteva essere Vaccarella il padre di quel bambino; che certamente sarebbe stato triste come lui, educato come lui e senza speranze come lui. Vaccarella aveva la moglie, glielo aveva confessato a bassa voce una sera mentre fumava una sigaretta dopo l'amore nella stanza d'albergo di piazza Barberini. Amava questa moglie 'come se stesso' così le aveva detto e lei aveva pensato che non doveva amare molto se stesso.

Anche nell'amore era tetro e meticoloso. Si toglieva i vestiti ad uno ad uno. Piegava i pantaloni sulla sedia stando attento che le pieghe combiaciassero.[6] Ogni volta che appoggiava i pantaloni sulla spalliera della sedia le monete sgusciavano dalle tasche e si spargevano sul pavimento con un tintinnio allegro. Ogni volta lui arrossiva come per una colpa grave. Poi si chinava, in camicia e mutande e pazientemente raccattava le monete posandole ad una ad una sul letto.

La ragazza si era chiesta se fosse innamorata del giovane Vaccarella ma aveva dovuto rispondere di no. Eppure era stata abbagliata da lui, da quel suo vestito blu notte che profumava leggermente di un dopobarba al sandalo.[7] Era stata conquistata dal suo silenzio e dal suo pallore. Ci si può innamorare del pallore di un uomo? aveva pensato la prima volta che lo aveva visto all'uscita della scuola che andava su e giù inquieto, con la sigaretta accesa fra le dita.

Aveva subito notato i polsi pelosi e quello sguardo pesto come di uno che sia stato picchiato a sangue e per quanto faccia non riesce a dimenticarsene. Aveva notato l'assenza di colori, come se la sua faccia fosse stata ripassata con la gomma più e più volte fino a cancellare del tutto le linee.

E se invece il figlio fosse del professor Gaetani? Era successo una volta sola e la ragazza si chiedeva se potesse bastare. I meccanismi della concezione non erano molto chiari nella sua mente. Sua madre che era una donna moderna, le aveva detto 'stai attenta, usa le dovute precauzioni'.[8] Ma quali fossero queste precauzioni non glielo aveva spiegato, sia per pudore, sia perché era convinta che le giovani ragazze come lei sapessero già tutto.

Era vero che sapevano tutto, ma in maniera fumosa e astratta. E rimaneva il fatto concreto che la Madonna aveva avuto un bambino senza fare l'amore. E questo dava alle ragazze una certa inquietudine. D'altronde avevano sentito parlare di una certa Pina che, pur avendo solo amoreggiato col suo ragazzo, senza accoppiarsi veramente con lui, era rimasta gravida. Qualcosa doveva passare nei baci, si dicevano. Forse attraverso il seme volante di lui. Non dicevano che il seme maschile aveva appunto la capacità di saltare come fanno i salmoni, risalendo i fiumi fino alle foci pur di depositare[9] in un luogo sicuro il loro carico prezioso? Il pericolo di una gravidanza non voluta rimaneva sospeso sulle teste delle ragazze come una grazia divina che poteva prenderti a sorpresa.

Il professor Gaetani aveva un modo di entrare in classe, sempre in ritardo, con un lembo della camicia che sgusciava fuori dai pantaloni, il maglione rivoltato[10] e la barba non fatta, i capelli tutti schiacciati da una parte, che divertiva le scolare. Diventava perfino bello in quella fretta da vagabondo. Gli occhi gli si facevano grandi e lucidi, le labbra tese in un sorriso imbarazzato. Sembrava sceso allora dalla luna e sgranava gli occhi sulle cose incomprensibili del mondo.

Era successo una mattina che erano rimasti soli in classe. Lui l'aveva guardata come se non l'avesse mai vista, con una luce di ammirazione nelle pupille stanche. Lei aveva pensato che non avrebbe mai più amato un uomo come amava lui in quel momento, con venerazione e tenerezza.

Il professore, con l'ardimento dei timidi, le aveva stretto una mano. E lei aveva desiderato farsi mangiare da lui, quasi avesse intuito,[11] sotto quelle distrazioni vorticose, una attenta e innocente ansia cannibalesca.

Si era chiesta se anche lui la amasse. E per un attimo le era sembrato di sì. Si erano appoggiati alla porta perché non venisse aperta a sorpresa. E così, abbracciati l'uno all'altra si erano baciati a lungo dolcemente.

Due giorni dopo il professor Gaetani le aveva fatto un cenno mentre gli alunni si preparavano ad uscire e lei aveva capito che doveva seguirlo fino alla macchina parcheggiata due strade più in là.[12]

Una volta chiuso lo sportello lui era partito rapido esibendo un piccolo goloso sorriso da lupo. L'automobile si era infilata, morbida e veloce, nel grande fiume del traffico di viale Trastevere e poi giù per piazza Sonnino, vicolo San Gallicano, piazza Santa Apollonia e vicolo della Pelliccia.

Il professore parlava, parlava ma sembrava non ascoltarsi. Era un parlare affannoso e nebulare. Sembrava che volesse tenerla sotto la malia della sua voce come un incantatore di serpenti fa ballare il suo rettile suonando il flauto.

Il professor Gaetani aveva parlato ininterrottamente durante tutto il tempo dell'amore. Per ammutolirsi solo quando aveva improvvisamente sgranato gli occhi e si era accasciato sulla spalla di lei con un rauco lamento.

Aveva ripreso a parlare mentre lei si faceva la doccia e si rivestiva. Di che chiacchierava con tanta maniacale distrazione era difficile ricordarlo. Parlava di lei, della sua estrema giovinezza che costituiva un pericolo e una lusinga, aveva citato poeti e poi aveva raccontato di un gatto che si chiamava Ciccio e che si era perso sui tetti di via della Pelliccia.

Sempre parlando l'aveva acompagnata in automobile fino alla

fermata dell'autobus. 'È meglio che non ci vedano insieme sotto casa tua', aveva detto. E mentre la baciava l'aveva guardata dritto negli occhi come a dire 'non mi scappi'.[13]

L'indomani il professor Gaetani non era venuto a scuola e neanche il giorno dopo. La supplente aveva detto che era malato. La ragazza dalla treccia nera aveva pensato che era 'per colpa sua' che non era venuto e si era sentita divinamente 'colpevole'. Lo immaginava a letto, nel buio di quella casa disordinata, mentre si torturava per lei.

Invece il professor Gaetani non era venuto a scuola perché era andato in viaggio con la giovane moglie. L'aveva saputo qualche tempo dopo. Si era preso una vacanza dalla scuola, tutto qui.[14]

La settimana dopo era ricomparso in classe con la solita aria trasandata e distratta. Non le aveva rivolto neanche uno sguardo e appena suonata la campanella era uscito di corsa senza salutare nessuno.

Erano passati giorni, settimane, senza che le rivolgesse la parola. Lei una volta aveva deciso di andarlo ad aspettare sotto casa per ragionare un poco con lui.

Dopo due ore di attesa lo aveva visto uscire dal portone abbracciato alla giovane e bella moglie. Aveva guardato verso di lei per un attimo ma aveva subito voltato la testa fingendo di non vederla.

Se il figlio fosse davvero del professor Gaetani? Glielo avrebbe detto? Le sembrava di vederlo, già adolescente, con la camicia fuori dai pantaloni, le scarpe sformate, il naso aguzzo, le dita lunghe e gentili. E se fosse stata una bambina? Ma la ragazza non riusciva a pensare a una figlia somigliante al professor Gaetani. Avrebbe portato la camicia fuori dalla gonna? Avrebbe avuto il naso aguzzo e le dita lunghe e gentili? Avrebbe stirato le labbra in un piccolo sorriso da lupo anche lei?

Immaginate una ragazza dalla treccia gonfia e pesante ciondolante in mezzo alla schiena che cammina un poco curva in avanti su per la salita di via Bruno Buozzi. Immaginatela pensosa, con la faccia quasi deturpata da un pensiero doloroso: perché separarsi da quel figlio che già sente ridere sotto gli archi soffici del ventre?

Ora la ragazza dal vitino[15] di formica si siede sopra un muretto che costeggia il marciapiede, lì dove crescono due sbilenche robinie dalle foglie polverose. I suoi occhi si fermano su dei fili di erba bruciacchiati. In mezzo all'erba, come una goccia di sangue, ecco un papavero luminoso, bellissimo. Da quando nelle città crescono i papaveri? si chiede lei. In effetti si tratta di un papavero piccolo e rattrappito come se fosse nato lì per caso, suo malgrado, da un seme lanciato in aria e poi gettato per terra da un vento dispettoso e noncurante. Era venuto su stento e rachitico, ma era venuto su. Chi poteva pensare di strapparlo?

Una occhiata all'orologio la allarma: mancano due minuti all'appuntamento. Ma il numero della casa qual'era? C'era un uno e un tre, questo lo ricorda bene, ma poi? L'ha dimenticato. E ha pure dimenticato il nome del medico.

Non sarà che la voglia di compagnia le trucca la memoria?[16] La voglia di continuare ad ascoltare quella risatina sommessa, anche cattiva, anche derisoria, ma proprio quella, con quegli echi strampalati e rabbiosi.

Hai quindici anni, si dice, stai per finire l'anno di scuola, e aspetti un figlio che non sai di chi sia; a chi puoi raccontarlo? Forse sua madre le direbbe di tenerlo. Per poi educarlo lei. Suo padre invece la guarderebbe con la faccia triste e persa, gli occhi pesti, malati. È strano, come assomiglia al professor Gaetani, non lo aveva mai notato, ma è proprio così. Hanno persino le stesse mani lunghe e gentili.

Il numero le torna in mente con improvvisa lucidità. I piedi da soli, riprendono a camminare. La treccia ricomincia a dondolare dolcemente sulla schiena al ritmo di quei passi infantili.

# Anna Maria Scaramuzzino
## *Roba da supermercato*

Anche questo pomeriggio il supermercato mi offre, come ormai da parecchio tempo, il suo campionario fantasmagorico di prodotti,[1] i suoi suggerimenti ed offerte incredibili per la perfetta efficienza di ogni casa, gruppo familiare compreso.

I banconi opulenti di carni, salumi e formaggi, i detersivi in vari formati, i prodotti di bellezza brillano oltre che di paventata golosità e pulizia, anche di colori, fogge, immagini e soprattutto di slogans i quali, nonostante così triti dalla pubblicità televisiva da sembrare stucchevoli[2] o addirittura falsi, acquistano in quella chiassosa e compatta staticità un personale, esclusivo fascino al quale, da quando sono in stato interessante,[3] non riesco a resistere.

Il medico mi aveva consigliato di camminare molto ed io, là dentro, macino chilometri.[4] Nonostante sia un modesto supermercato di provincia, riesco a farmi dieci corridoi, così come un nuotatore si fa dieci vasche. Ai marciapiedi avevo preferito quel posto: la folla, la più strana o la più esigente, l'entusiasmo delle scelte, lo stridio dei carrelli, il ticchettio delle casse mi rilassa più che la strada. E così, ogni giorno sono là a confortare il mio fisico e a ricrearmi lo spirito.[5]

Nel reparto frigo, trasparente sarcofago del duemila, sono disposti, in un freddo e lugubre amesso, merluzzi, filetti e sofficini Findus, cui seguono melanzane, spinaci e pisellini Bosco. Una madre indaffarata, dentro il carrello un figlio che sbatte i piedi, uno in braccio e un altro che scappa tra gli scomparti ritornando poi con un pacchetto di Oro Saiwa, mi dà un divertente brivido. Qualcuna è indecisa tra Dash o Dixan: è preferibile il bianco più bianco o i potenziali milioni se la fortuna sarà caritatevole? Un attempato signore rifugge il carrello (gli darebbe davvero un'aria da massaia?) ed ha le braccia piene di Riso Giallo, spaghetti Barilla e barattoli di Pommorì. Una ragazza con due pacchi di assorbenti è alla cassa, e per frenare la pazienza di una lunga attesa sbaciucchia[6] il suo ragazzo che intanto bisbiglia e ride guardando i Lines.

Una signora, grassa e impaziente, ha il carrello pieno di noccioline, salatini, Vermouth Cinzano, Rosso Antico e Bianco Sarti; sicuramente una festicciola di compleanno.

Il reparto più abbandonato, dove spesso mi riparo per tirarmi su le calze che, dato il volume della pancia (tra due giorni farò il tempo[7]) scivolano giù facilmente, è quello dei sanitari.[8] Situato in fondo e addossato a muro, in questo interstizio c'è chi si ritocca il trucco, chi si allaccia le stringhe,[9] addirittura c'è qualche madre che cambia il pannolino al figlio infilandolo dentro un lavandino.

E vado su e giù col mio carrello semivuoto a guardare un po' tutti per presentarmi poi alla cassa con un flacone di Mastro Lindo e un barattolo di Caffè Splendid in offerta speciale.

Spesso incontro qualche conoscente e ci scambiamo fatti e prodezze 'detersive'. 'Lascia stare quello e prendi il Perlana'. 'Per i piatti preferisco Svelto che dura di più'.

Se dovessi aprire un supermercato, lo chiamerei 'Tre C': circolo culturale per la casa.

Sto comprando una serie di coltelli (chissà perché sono sempre pochi) quando sento un caldo e umido calore scivolarmi dalle gambe. 'Dio, le acque rotte' penso spaventata. Lascio perdere i coltelli che vanno a finire dentro una lucida padella e cerco di avviarmi di corsa,[10] ma una fortissima contrazione mi blocca.

– Si sente male? – mi chiede una signora mentre infila nel suo stracolmo carrello due tergamini di acciaio inossidabile.[11]

– Credo di sì – rispondo mentre conteggio involutamente con una occhiata esperta quell'ammasso di spesa valutandolo in circa L250.000.

Un'altra contrazione mi fa piegare in due. Sento il bisogno di sedermi, sdraiarmi.

Una sedia… una sedia… – dico mentre scivolo giù tirandomi dietro un paio di coperchi inox.[12]

Quando riprendo conoscenza sono sdraiata su una coperta Somma, un guanciale scontato del 10% e un giallo lenzuolo della Bassetti. Poi sento piangere e strillare.

– È un maschio, signora.

Guardo alla mia destra e lo vedo là, mio figlio, infilato dentro un sacchetto di plastica Standa[13] e col ciuccetto antisinghiozzo della Chicco.

– Ma quando è nato? – chiedo guardandomi attorno e notando una bacinella in plastica Moplen e un paio di asciugamani bianchi della Zucchi.

– Pochi minuti fa – mi risponde una allegra cassiera con la sua pulitissima divisa azzurra (forse lavata con Ariel) e colletto bianco – Lei, se ricorda, era tra il reparto pentole e quello dei surgelati.. Per evitare la zona fredda e la calca l'abbiamo portata qua, nei sanitari... Era svenuta... Non abbiamo fatto in tempo a chiamare il medico che lei ha partorito questo magnifico bimbo dai capelli biondi. 'Glieli laverò con shampoo Roberts' penso subito.

Un paio di agenti sono di guardia alle due estremità del corridoio dove mi trovo io, forse per evitare sbirciatine curiose. Al di là di loro, il brusio della gente, le casse che continuano a battere nonostante quell'insolito programma che sono io, il dlin-dlon del campanello che insiste nel 'Compra tre e paghi due' continuano a confortarmi; quasi sono felice di avere partorito in quel luogo che sento tanto mio. 'Che mio figlio diventerà direttore di supermercato?' mi chiedo compiaciuta.

– Tra poco arriverà l'autoambulanza – dice la cassiera.

– Ma il bambino non deve prendere un po' di latte?

– Gli abbiamo somministrato dapprima due dita di acqua Sangemini, sa, quella della nuova vita, e dopo, un po' di Parmalat scremato.

– Perché continua a piangere? – chiedo apprensiva.

– Forse si è bagnato di nuovo – risponde.

– Noto che è stato ben lavato.

– Oh no, l'abbiamo solo pulito con latte detergente Johnson e gli abbiamo messo un Pampers.

– Non sentirà freddo? – insisto.

– Non credo, è avvolto in una copertina Lanerossi e poi infilato in uno dei nostri sacchetti.

– Siete molto gentili – dico un po' rilassata.

– Ah, ecco l'autoambulanza... andiamo signora.

– Ma avete avvisato mio marito? – chiedo improvvisamente ricordandomi di lui.

– Non l'abbiamo rintracciato – risponde indaffarata tirandomi su.

– Ma posso camminare?

– L'aiuterà io… ecco… così.. Qua c'è il carrello per metter dentro il bimbo.

– Si creerebbe confusione.. Eppoi dobbiamo passare alla cassa per pagare.

– Cosa devo pagare? – chiedo, ma rispondendomi che giustamente avevo usato un bel po' di roba: lenzuola, coperte, latte, asciugamani, eccetera. 'Dio, questa spesa non era prevista nei conti,[14] speriamo che, dato il singolare avvenimento, mi facciano uno sconto speciale…'

Siamo arrivate intanto alle casse, dove una signorina mi sorride, così come l'altra gente, ferma là, con i sacchetti rigonfi, ad aspettarmi. Anch'io ho il mio sacchetto posato dentro il carrello, ma è una prima culla, e sorrido.

– Quanto paga la signora? – chiede la cassiera.

– Falla pagare solo il bambino, il resto è omaggio della ditta… abbiamo ricavato un'ottima pubblicità.

– Pagare il bambino? – chiedo sorridendo.

– Certo, quando è entrata qua dentro l'aveva?

– No… ma… – faccio stupita.

– Quindi deve pagarlo.

– Ma state scherzando? Devo andare in ospedale.. C'è la barella. Ho partorito qua – rispondo confusa guardandomi attorno, mentre le gambe mi si allentano.[15]

– Deve pagare signora… Paghi e poi passerà di qua.

– Ma… mio figlio ha freddo… Non trovo più la borsa… I soldi non mi basteranno… Pagherà mio marito…

– Deve pagare subito, anzi poi metterà il carrello dietro a quegli altri… Faccia subito… Oggi c'è molta gente.

Guardo lei, guardo la gente che risponde ghignante alla mia implorazione. Faccio per gridare, ma mi sveglio.

Sono tutti indaffarati attorno a me. Il bimbo piange, mio marito mi tiene la mano, ed io sono sdraiata sopra una coperta (è Somma?) e un medico sta recidendo il cordone ombelicale.

– È stato un sogno – bisbiglio.

– Come stai, cara? – chiede subito mio marito.

– Ho partorito qua, al supermercato? – chiedo incredula.

– Già, hai chiuso perfettamente in carattere. Stavi più qua che a casa!

– È un maschio, vero? – chiedo.

– Sì, come lo sai?

– L'ho sognato poco fa.

– Hai creato un caos qua dentro… C'è persino la TV locale.

– Ecco, signora, ho finito – fa il medico asciugandosi in una bianca asciugamano di cui non riesco ad intravedere la marca – Ora la porteremo all'ospedale.

– Grazie, dottore.

– Il bambino è ben avvolto… Anzi, per maggiore precauzione e per un doveroso omaggio pubblicitario, lo mettiamo dentro un sacchetto di plastica di questo supermercato.

Due infermieri, con berrettine e camici bianchi con macchie più o meno evidenti (sicuramente le loro mogli non usavano Ace!), mi adagiano sulla barella. Per uscire sono costretti a passare dalle casse sollevandomi. Mio marito mi segue, poi torna indietro, quindi si riavvicina.

– Non dimentichi lo scontrino – sento dire alla cassiera.

– Mio marito sorride, ed io, ripensando non senza uno sgradevole brivido, al sogno di poco prima, sorrido anch'io.

– Qualcuno tenga aperta la porta – fa uno dei portantini.

Rilassata mi guardo ancora attorno. Ora i banconi così ricchi mi sembrano sterili, vuoti, compassati. Non c'è più la mia anima là dentro. Alle gestanti vengono le voglie,[16] ed anch'io l'ho avuta: quella da supermercato. Ora mi sono svuotata di mio figlio e di questo culto. Tutto torna normale.

Stiamo oltrepassando la porta, quando due uomini dall'aspetto serio e freddo si avvicinano a me che intanto stringo il mio piccolo nato.

– Signora, lo scontrino per favore – fa uno dei due.

Il brusio del supermercato e della ressa attorno a me è ora un rotolante tonfo nel mio cervello. La luce blu dell'autoambulanza danza sui volti di quei due agenti e sul mio, illividendo loro e agghiacciandomi. Ora la gente ha smesso di bisbigliare e si allontana; alcuni, i più curiosi, rimangono a guardare attoniti.

– Ma... – cerco di spiegare senza riuscire a dire nulla o forse è talmente evidente l'insolita situazione che debbono necessariamente capirla senza che nessuno parli.

– L'ha comprato qua quel bimbo?

– Sì... poco fa... io...

– Allora ci mostri lo scontrino.

Li guardo ancora smarrita, incredula, mentre il loro dopobarba dall'odore di palude mi penetra sgradevolmente dentro le narici. 'Perché non usano Denim o qualcosa dell'Atkinsons?' Scaccio questa superflua mentale pubblicità e cerco aiuto in mio marito; ma lui guarda lontano, muto, colpevole.

– Lo scontrino, signora – insiste l'agente mostrandomi sempre più i suoi denti gialli e pieni di tartaro.

– Siamo costretti a requisire la merce.

– No... aspettate... Mio figlio – dico sempre più fievolmente.

– Lo scontrino... lo scontrino... lo scontrino...

I miei occhi penetrano in loro, quasi ad ipnotizzarli, scongiurare quell'irreale situazione, mentre io mi sforzo di portarmi nella realtà che però mi sfugge.

–Dlin-dlon... Alla Standa si compra meglio... chiedetelo alla puerpera... Dlin-dlon... Alla Standa si compra meglio... chiedetelo ad una nuova mamma...

'Prima era stato un incubo' mi dico inebetita. 'Ma ora?'

# Francesca Duranti
## *L'episodio del Berretto Sportivo*

L'assurdo dell'assurdo è che salta fuori all'improvviso e costringe le cose più consuete a guardarti con una faccia che non riesci a riconoscere. Parlo delle cose più banali. Le cose più stupidamente consuete. Più comunemente consuete. Roba alla quale non fai neppure caso[1] tanto sei abituato a viverci in mezzo. La ringhiera delle scale. Il portapenne sullo scrittoio. Il tuo stesso nome.

Mi succede questo: saluto il portiere e cammino spedito verso la porta a vetri chiusi, spavaldo, senza mostrare ombra di esitazione, certo che la cellula fotoelettrica metterà in moto il meccanismo di apertura al momento buono. E infatti.

Esco nell'aria tiepida del tramonto e vado a prendere la Lancia Thema, parcheggiata sotto la tettoia riservata alle auto dei dirigenti, che è per l'appunto, da ormai quattro anni, il suo giusto posto. I rondoni, sopra alla mia testa, si incrociano nel cielo rosato lasciando cadere esemplari spirali di risate gorgoglianti di felicità. Dunque, come vedete, tutto a posto, tutto benissimo.

Le cose che hanno la bontà di circondarmi da tutte le parti – davanti, dietro, destra, sinistra, sopra, sotto – sono perfettamente a posto. E queste cose non sono solo cose comunemente consuete, sono eventi quotidiani favorevolmente consueti, cose banali di segno altamente positivo, se mi concedete un altro avverbio e un altro aggettivo. Poiché, signori, la breve sequenza di eventi riportata,

1) per quattro anni si è riproposta ogni giorno con poche varianti stagionali;

2) ha avuto fino a ieri il potere di inondarmi di beatitudine, farmi sentire sano, forte, in armonia con la natura, dirigente della stazione televisiva, Lancista nonché vincitore nel braccio di ferro psicologico[2] contro il potere intimidatorio della porta chiusa.

E allora? Cosa sta accadendo?

Mi costringo a respirare profondamente, ma quello che la mia cassa toracica esegue, piuttosto che un gagliardo e ottimistico rifornimento di carica energetica, è un vecchio, malinconico sospiro.

Il pensiero non mi conforta affatto, al contrario, ma questa è certamente la verità: non c'è nessun motivo che giustifichi il mio malessere. Ho tutto: quello che mi era sembrato indispensabile a vent'anni e le altre cose che via via, col passare del tempo, avevo aggiunto alla mia lista di necessità. L'agente mi riconosce per la strada, gli occhi vellutati di Marcella mi guardano con ammirazione sconfinata, ho la certezza che, quando il mio romanzo sarà pronto, non avrò difficoltà per trovare un editore. Faccio un lavoro creativo e non convenzionale ma nello stesso tempo ho uno stipendio sicuro e cospicuo; pur non avendo ancora pubblicato una riga appartengo di diritto al magico mondo delle lettere, sono amico di scrittori e letterati di tutta Italia, senza bisogno di lasciare la mia piccola città, un luogo così pulito, caldo, rassicurante dove vivere e allevare i miei bambini.

Nulla spiega il crollo del mio umore, se non la terribile, quasi insuperabile fatica che improvvisamente mi costa eseguire uno dei compiti – un tempo il più gradevole – relativi al mio mestiere. È diventato negli ultimi mesi uno sforzo sovrumano, qualcosa che rimando, qualcosa su cui sono costretto a mentire spudoratamente barcamenandomi come posso per mascherare la mia inadempienza.

Mi riferisco alla necessità di leggere i romanzi dei miei contemporanei. È questo l'impegno che da qualche tempo supera le mie forze. Niente di grave, direte, e soprattutto una debolezza non rara, dal momento che risparmia, nel nostro paese, solo lo 0,0001 della popolazione.[3]

Ma il fatto è che io sono – originariamente per natura e ora anche per contratto – un lettore accanito, onnivoro, instancabile. È per questo che ho proposto a Canale 22 il Seminario di Lettura Creativa, la rubrica che conduco da quattro anni con successo insperato.

Il mio indice d'ascolto[4] è il più alto tra quelli dei programmi della nostra emittente: a quanto pare, Esselleci[5] ha fatto venire voglia di leggere a tutti gli abitanti della zona coperta dal nostro segnale.

Purtroppo l'ha fatta passare a me.[6] Deve essere andato in avaria qualche circuito nella mia testa,[7] credo, e ora non posso prendere in mano una novità libraria senza che mi venga la nausea. Riesco a leggere Tolstoj, Dickens, Hoffmannstahl, James; e persino Hardy, Grillparzer, Alfieri: chiunque, ma solo a patto che sia morto.

D'altra parte, quelli che vengono a Essellecì sono vivi, e anche quando non sono io a presentare l'Autore, come faccio ad andare in onda[8] senza averne letto l'opera, per lo meno l'ultimo libro, quello di cui inevitabilmente si parlerà durante la trasmissione? Sono io che conduco il programma, introduco il Presentatore, presiedo l'incontro e sto lì, in sostanza, pronto a ogni evenienza. E quando l'evenienza consiste in un silenzio totale del pubblico al momento di iniziare il dibattito con l'Autore, devo essere pronto, come il compare di un prestigiatore o la spalla di un comico,[9] a mettere in moto il meccanismo con una domanda appropriata e stimolante.

Credo che il disgusto abbia cominciato a prendermi quando si è fatta strada in me l'ovvia verità che proprio i libri capaci di suscitare un bel dibattito senza il mio intervento erano quelli più ricchi, pieni di temi, di spunti: quelli che avrei letto più volontieri, in breve. E così, quando si discuteva di un bel libro venivo relegato al rango di semplice moderatore, dispensatore di acqua minerale e occasionale tecnico aggiunto ai microfoni elettronici; viceversa, quando su un libro nessuno riusciva a trovare alcun punto di interesse, ecco che la trasmissione era tutta mia, obbligato com'ero a fare i salti mortali per cavare qualche goccia di succo vitale dall'opera di certi autorini tutti 'écriture',[10] che periodicamente funestavano il Seminario di Lettura Creativa su invito della direttrice di rete, signora Merello Ponis.

L'esercizio di tanti anni mi aveva portato a un tale punto di sensibilità che mi bastava scorrere alcune pagine dei libri da presentare per sapere se era necessario che lo leggessi fino in fondo oppure no; e la cosa amara era che potevo lasciar perdere solo se l'assaggio era stato soddisfacente, mentre era indispensabile sorbire il calice fino all'ultima riga[11] se il romanzo mi era parso stentato, bellettristico,[12] meschino.

La mia è una situazione paradossale e molto seccante; e tuttavia l'ho affrontata per i quattro anni durante i quali ho coordinato i nostri incontri con l'Autore senza che il mio equilibrio fosse in apparenza alterato; solo al trentanovesimo incontro c'è stato il crollo.

Oggi ho toccato il fondo: il *Diavolo Custode*[13] si è trascinato per un mese dal mio comodino all'ufficio, mi ha seguito per tre fine settimana nella nostra casetta al mare e non sono riuscito a impormi di aprirlo neppure una volta per gettare tra le sue pagine il più fugace degli sguardi.

Ormai è troppo tardi perché io possa farmi una sia pur vaga idea[14] del romanzo nel suo insieme: sono le diciannove, e alle venti e venticinque andiamo in onda. Ho solo tempo di andare a casa per farmi una doccia, poi aprire il libro a caso sperando che un fantastico colpo di fortuna mi faccia incappare in un episodio di senso compiuto sul quale tenermi pronto a fare qualche domanda. A quel punto, poiché sarà la nostra efficiente signorina Mazzei ad andare a prendere l'Autore e il Presentatore in albergo per portarli al trucco, dovrò pregare che il traffico non mi blocchi, permettendomi di arrivare un minuto prima della sigla.

Saluto il pubblico, presento il Presentatore e mi dispongo ad ascoltare in silenzio, rallegrandomi della fortuna che mi ha fatto capitare, aprendo a caso il *Diavolo Custode*, sull'episodio del Berretto Sportivo, abbastanza curioso da fornire esca a[15] un gran numero di domande intelligenti. Mi rallegro talmente che a un certo punto, mentre il Presentatore esprime alcuni concetti incomprensibili sul senso negativo del tempo, sul linguaggio diagonale, sulla simmetria degli spazi interni,[16] mi dico che l'episodio del Berretto Sportivo è perfino troppo ricco, troppo stimolante. In breve, mi convinco che ben presto il Presentatore, individuandone il boccone succoso su cui piantare i denti,[17] smetterà di dire scempiaggini; prima della fine del suo discorso avrà formulato lui le due o tre domande che avevo cominciato a preparare più altre tre o quattro; e avrà dato tutte le risposte possibili più alcune ulteriori. Mano a mano che va avanti esplorando minuziosamente ammassi di aria fritta,[18] mi convinco che ha deciso di tenersi il Berretto Sportivo per ultimo, come saluto del pirotecnico.

Comincio a sudare freddo. Se il pubblico non aprisse bocca, nel fatale momento in cui dovrebbe iniziare il dibattito, io cosa potrò fare, nel caso che le mie domande siano state consumate dal Presentatore? Dovrò rassegnarmi a chiedere all'Autore quando ha cominciato a scrivere, cosa si prova quando si raggiunge il successo e banalità simili? E poiché nessuno sarà stimolato a intervenire, dovrò andare avanti per un'ora trascinando un dialogo su questa lagna?

Ma, con mia somma meraviglia,[19] il Presentatore non sfiora neppure l'episodio del Berretto Sportivo, e conclude con una tirata sulla forza eversiva del linguaggio interstiziale.[20]

Mentre la giraffa scende sul pubblico mi preparo a rompere l'imbarazzo sparando la prima domanda; ma è una signora in seconda fila che si assume l'incarico di cominciare con una elaborata osservazione sulla società orfana; e prima ancora che finisca di parlare, uno studente alza la mano per prenotare un'altra domanda.

Finalmente posso rilassarmi. Il più è fatto, conosco i miei polli.[21] Ora tutti parleranno a gara fino alla fine della trasmissione, e non avrà più importanza se bruceranno i temi che avevo riservato per me.

Ma naturalmente, dopo un'ora di chiacchiere che ronzano in falsetto attorno a un cumulo di nulla,[22] il pubblico è annebbiato e non si ricorda che ci sarebbe stato qualcosa di solido su cui dibattere. Così la serata si chiude senza che nessuno abbia fatto il minimo accenno all'episodio del Berretto Sportivo.

Come è consuetudine porto al ristorante, a spese dell'emittente, l'Autore (e sua moglie) con il Presentatore (e sua moglie). Il solito tavolo è apparecchiato, Marcella è già lì che ci aspetta con gli aperitivi e le tartine al pâté. È lei che assegna i posti e avvia la conversazione; ha seguito il programma da casa, durante la cena dei bambini, e anche se non ha letto il libro, può efficacemente fare da spalla all'Autore mentre questo dichiara a parole, esprime con i gesti, emana da ogni poro, l'incondizionata ammirazione che nutre per se stesso.

Per un po' ingoio tartine in silenzio, aspettando il mio momento; in una pausa della conversazione, dovuta all'arrivo delle crêpes ai

97

funghi, sono quasi sul punto di fare un'osservazione a proposito dell'episodio del Berretto Sportivo, ma un pensiero mi trattiene: come è possibile che si sia parlato per due ore, e ancora si stia parlando, della abissale scempiaggine che è il *Diavolo Custode* senza che a nessuno sia venuto in mente di accennare all'unico episodio notevole del libro? E quindi: avrò letto bene? Oppure il brano, incastrato tra le pagine che lo precedono e quelle che lo seguono, e che io non ho letto, è tutt'altra cosa, rispetto all'impressione riportata da me?

Taccio per tutta la serata, bevendo come una spugna e ricostruendo mentalmente la storia che io ho letto oggi stesso, tra le diciannove e le venti, e che nessun altro sembra aver letto: dalla prima apparizione del Berretto Sportivo in un luogo dove non avrebbe dovuto trovarsi (dentro uno schedario alla lettera M) fino all'orribile e grottesca morte del protagonista, Romualdo, schiacciato come una cimice sotto lo scaffale della Narrativa Contemporanea.

Mentre il mio pensiero gira in tondo,[23] il monumento che l'Autore sta erigendo a se stesso, con l'aiuto di sua moglie e della mia, è arrivato al soffitto. Vorrei dire che è penoso, lo spettacolo di questo grasso imbecille rapito in un'estasi di autocompiacimento, ma non è vero. Non mi fa pena, anzi, darei un braccio per trovarmi al suo posto, e tuttavia mi riprometto che non sarò mai così, neppure dopo. Dopo che avrò scritto il mio libro e lo avrò pubblicato, dopo che avrò avuto il riconoscimento che merito. Mi piacerà suscitare ammirazione, magari invidia, ma non il fastidio che leggo sul volto del Presentatore e signora. All'inizio hanno contribuito anche loro all'apoteosi del Maestro, ma ora sono palesemente seccati. Sono loro a dare il via agli addii, subito dopo l'amaro,[24] e io posso portare a casa la mia povera, esausta Marcella.

Vorrei seguirla subito a letto, prenderla tra le braccia, coccolarla e chiederle di consolarmi, ma prima devo dare un'occhiata al *Diavolo Custode* e ritrovare quel maledetto episodio.

La zona bibliotecaria è separata dal salotto da una parete attrezzata, firmata da un grande architetto svedese. L'arredamento, che ho curato io stesso, comprende, oltre alla scrivania, anche una vecchia poltrona con un panchetto della giusta misura per appoggiare i piedi. Prendo il *Diavolo Custode*, trovo una posizione comoda e comincio a leggere saltabeccando un po' qua e un po' là, ma non ho fortuna. Mi rendo conto che ci vuole maggior rigore. Vado in cucina a farmi una moca da sei,[25] la travaso in un thermos, me la porto vicino alla poltrona e riattacco dalla prima pagina.

Non scorro: leggo. Alle tre del mattino sono arrivato a tre quarti del libro (e del thermos), ma il Berretto Sportivo non è saltato fuori. E assurdo. Ricordo benissimo – mi sembra di ricordare – che ieri sera, quando sono andato a cercare a caso un episodio del romanzo, avevo aperto il libro a metà, come del resto è logico. Ed è appunto verso il centro che ora ho spulciato con maggiore attenzione;[26] e allora: dove sono andate a finire quelle pagine? Mi alzo per sgranchir-mi le gambe, mentre altri dettagli dell'episodio mi tornano alla mente: ricordo che la sorprendente apparizione del copricapo nel comparto M dello schedario è introdotta da un tema musicale – un pezzo di Satie – che Romualdo stenta dapprincipio a riconoscere. Ho tutto in testa, con una chiarezza estrema; ma dove è andato a finire il maledetto episodio?

Mi rifiuto di perdere la calma. Ci vuole metodo. Calcolo che tutta la faccenda non dovesse protrarsi per più di dieci pagine; se è così – leggendo attentemente, parola per parola, una pagina su dieci o per maggior scrupolo una su cinque avrei la certezza matematica di ritrovare quello che cerco.

Mi rimetto al lavoro seguendo questo criterio; in breve tempo arrivo in fondo al libro, e l'episodio non c'è. È incredibile. Me lo ricordo benissimo, sempre meglio dopo ogni inutile passaggio attraverso le duecentosei noiosissime pagine del *Diavolo Custode*: la descrizione di Romualdo, la musica di Satie, il berretto nello schedario, lo scaffale che crolla, l'uomo spiaccicato sul pavimento, la sua posizione grottesca, e nel silenzio, la musica di Satie che riguadagna il centro della scena priva di vita. Evidentemente mi sono appisolato e ho inavvertitamente saltato qualche pagina; decido di uscire a fare due passi per rinfrescarmi la mente.

Albeggia. Il silenzio è completo in tutte le direzioni. I tacchi delle mie scarpe suscitano echi eccessivi, che mi imbarazzano. Non mi piace essere l'unico che produce suono in tutta la città. In punta di piedi faccio il giro dell'isolato e rientro, ripromettendomi di uscire ancora tra un'oretta, quando i miei passi si confonderanno tra i primi rumori del mattino.

Bevo l'ultimo caffè che ho nel thermos e ricomincio da capo il *Diavolo Custode*. Sono stanchissimo, ma sento che è questione di vita o di morte uscire da questa ossessione.

Un capitolo, due. Non voglio uscire nello smisurato silenzio della città, ma ho bisogno di camminare, altrimenti mi addormento. Apro una finestra e tendo l'orecchio per individuare i segni del risveglio.

Terzo capitolo, quarto. I passeri ancora tacciono, ma da qualche parte qualcuno ha finalmente acceso una radio. E una musichina piena di atmosfera, curiosa.

Ora che il silenzio è rotto e finalmente potrei uscire, all'improvviso mi ritorna il buon senso e mi dico che l'episodio del Berretto Sportivo può andarsene all'inferno, che non me ne importa niente se sul libro c'è davvero o se me lo sono sognato, che ho un sonno mortale e che nel mio letto mi attende Marcella, tutta calda e dolcissima.

Che assurda nottata. Che fissazione demenziale. Prendo il *Diavolo Custode* e lo rimetto nello scaffale della narrativa contemporanea. Mentre, barcollando dal sonno, lo infilo al suo giusto posto secondo l'ordine alfabetico, riconosco la musica trasmessa dalla radio: è uno dei Morceaux en forme de poire, di Satie.

Ho barcollato un po' troppo, compromettendo l'equilibrio della struttura svedese in ferro e mogano a cui mi sono maldestramente appoggiato. Alzo le mani e spingo verso il muro, ma capisco che ho peggiorato la situazione. Questo non è uno di quei mobili alla buona,[27] affettuosi, che scricchiolano e dondolano sempre un pochino, ma insomma, bene o male stanno in piedi comunque. Questo è svedese, e non conosce che la perfezione o il disastro. Mentre cominciano a cadere Albinato, Allamprese e Arpino, mi rendo conto di essere in trappola. Come se un flash me lo illuminasse improvvisamente vedo, in fondo alla stanza, il mio schedario. E mi domando cosa ci sarà alla lettera M.

# Francesca Sanvitale
*Jolly e Poker*

Per distrarsi aprì gli occhi e fissò il sole che brillava sulle onde, ma la sua stessa voce con ostinazione persecutoria gli ripeté ancora una volta che non si sarebbe mai abituato a stare solo.

Sapeva chi era costui che abitava la sua mente, parlava con la sua voce: un tipo implacabile; che gli puntava il dito contro e freddamente lo condannava per vili debolezze, spesso per un delitto nascosto. Era avvenuto altre volte, persino al tempo della scuola, ma oggi in particolare lo derideva perché gli stava dimostrando che proprio lui, tutta la vita, aveva desiderato quello che non sopportava; aveva inseguito e ottenuto la propria perdizione.

'Via, via!' esclamava tra sé al fantasma persecutorio, quando lasciava gli amici o il lavoro o chiudeva la porta alle spalle e all'interno della casa si metteva al sicuro. Da cinque anni, da quando aveva lasciato la moglie, pronunciava queste parole per abitudine e per trovare sollievo.

Fissò la baia di Mazzarò[1] e non ci trovò niente di speciale; uno scoglio proprio in mezzo, un altro più in là. Il vento dondolava i motoscafi all'ancora, arricciava in bianco le onde che battevano sullo scoglio al centro. Dietro alle sue spalle c'era un giardino profumato e tropicale.

Non era così stupido da credere che il promontorio di Mazzarò, la baia dell'Isola Bella e Taormina con gli ibiscus e gli oleandri fossero cose da nulla, ma il nulla dell'ansia sbiancava, chiudeva e decomponeva tutto in un sacco trasparente.

Mary, l'inglese con la quale aveva fatto conoscenza, si era seduta dentro al cerchio dello spazio a lui spettante.[3] Si tirò di lato cercando di farle capire la mancanza di tatto. Inutilmente, perché la caratteristica di questa donna consisteva nel non accorgersi dei cattivi sentimenti che ispirava e si muoveva con offensiva familiarità.

Subito dopo aver fatto questa considerazione successe un fatto singolare: vide Jolly sovrimpresso sull'acqua, a tre dimensioni e vivo. Sbarrò gli occhi: era proprio il suo cane, il suo amato cucciolo, il suo angoscioso amore. Girò la testa verso la spiaggia e un altro Jolly si allontanò ventre a terra e lingua fuori, in cerca di una invisibile selvaggina.

Volle riprendere l'osservazione delle onde ma un terzo Jolly si era seduto tra lui e il mare, trafelato e ansimante.

Non c'è spiegazione logica per il sorgere dei ricordi, eppure si spaventò nel constatare che si cammina tutta la vita su un baratro sconosciuto, che siamo sempre affacciati sull'orlo invisibile di un volcano.

Si spaventò ancora di più quando si accorse che stavano scendendo sulle sue guance due lacrime. E pensare che una volta aveva storto la bocca con disprezzo perché la moglie, inginocchiata vicino a un cane moribondo, ancora palpitante ma con le zampe già rigide, si era messa a singhiozzare e aveva continuato a mormorare 'Povero cane!' in modo monotono e disperato. Sì, aveva provato un grande disprezzo per quel dolore senza proporzioni. 'E io?' le aveva urlato mentalmente. 'E io, sono meno di un cane?'

Odiava questi animali servili e privi di deliberazioni. Non li voleva tra i piedi. Non aveva mai cambiato opinione. Ma un giorno, per via di un cane, la sua vita cambiò.

Durante un viaggio di lavoro aveva fatto visita al vecchio amico Antonio e si era messo ad osservare la cagna di lui e i due cuccioli. Meccanicamente e senza alcun motivo ne aveva preso uno in grembo.

Il cucciolo teneva sollevato il muso nocciola macchiato di bianco e lo fissava: pupille umide, piene di domande innocenti gli avevano strappato il cuore in una specie di sortilegio e lui era rimasto bloccato nella posizione presa, con gli occhi fissi sugli occhi tremolanti.

Poi gli occhi erano spariti tra le pieghe della pelle e il cucciolo si era accovacciato addormentandosi. Lui aveva chiuso le braccia intorno al corpo che palpitava nel respiro ed erano rimasti immobili, ormai cane e padrone.

Lo aveva chiamato Jolly perché la sua apparizione si era data per un'occasione imprevista, fuori da ogni calcolo, fatale e rivoluzionaria.

Da Bologna tornava a Roma. Era stato un viaggio lungo e strano. Dentro, qualche cosa straziava il suo cuore e riempiva il suo tempo. Aveva guidato pianissimo ma Jolly si era impaurito, teneva il muso tra le zampe e guaiava. Poi Jolly aveva vomitato, aveva fatto i suoi bisogni[3] molte volte. Lui, senza spazientarsi, si fermava ad ogni posto di ristoro e puliva il sedile, attaccava la corda al collare e passetto passetto faceva un giro con Jolly, gli parlava, lo incitava, gli diceva che presto avrebbe avuto una comoda cuccia e così via. Jolly, fermo sulle zampe molli, girava il muso in su, lo supplicava, con lo sguardo e tutto il corpo minuscolo, di difenderlo e di amarlo.

A sei mesi Jolly con un balzo solo poteva leccare il naso a chiunque per esprimere contentezza e ospitalità. Abbaiava con accanimento correndo in modo così entusiasta che pareva ridesse.

Quando il padre, malato e stanco, pronto a morire, veniva a casa sua, si sedeva con un lungo sospiro e aveva sguardi solo per Jolly che gli saltava intorno in una sarabanda scomposta o si accucciava ammiccando e battendo la coda in terra.

'Can da circo!' esclamava il vecchio scuotendo la testa e lo fissava dentro alle pupille, lo ipnotizzava. Ripeteva la frase ad ogni movimento del cane, fino alla noia: definizione di una razza bastarda ma anche di una fatalità, di una rovina.

Che cosa voleva dire? si chiese adesso. Cane randagio? Cane artista? C'era tutto nella definizione, persino il segno di un male irreparabile e di un destino; non di quello che invece avvenne.

La sua vita era cambiata. Non avrebbe saputo dire come, ma anche in peggio. Un peso gli gravava sul cuore, in compenso si era cancellata la solitudine. Il dolore per quel rapporto non lo lasciava libero. Non pensava veramente ad altro. Quando era in ufficio, Jolly solo in casa lo perseguitava nel pensiero e quando andava al cinema con gli amici il rimorso non gli dava tregua.[4] e non c'era niente che potesse calmarlo. Che cosa fa adesso, si diceva. Guaisce? Abbaia e disturba i vicini? Sporca il letto o il tappeto? Non si risolveva a chiuderlo in giardino per paura di chissà che. Oggi sapeva purtroppo che le sue paure erano lungimiranti.

Sentiva che Jolly non era un cane come gli altri. Aveva sperato che le difficoltà si sarebbero attenuate con l'educazione, invece questo impegno non gli procurò alcun sollievo. Anzi, l'imperio con il quale si mise all'opera per domarlo danneggiò i suoi rapporti con Jolly. Avanzava potente come un padrone deve essere e Jolly arretrava. Lo costringeva umile e servitore, come tutti i cani immaginava che fossero, e Jolly disubbidiva in modo vistoso; accettava le percosse e subito dopo prendeva possesso del divano proibito. Si accucciava sotto gli urli e la faceva nello stesso punto[5] a distanza di poche ore. Però questo cane amava il suo padrone, lo desiderava, voleva stare con lui, guaiava ai piedi del letto; raspava alla porta mugolando quando se ne andava. Non con l'umiltà di un cane lo amava, ma con l'esuberanza di uno zingaro e l'entusiasmo della sua natura di bastardo.

I giorni passavano, Jolly aveva quasi un anno e lui non era riuscito a modificarlo neanche un poco. Jolly per amore si vendicava delle sue assenze in modo clamoroso, pronto a perdere la sua battaglia poi, ansimante, picchiato, messo in un angolo. Era un cane da incubo, attraente come un mistero.

'Doveva essere molto simpatico!' esclamò Mary, alla quale aveva cominciato a raccontare la storia.

Stavano seduti sui sassi, vicinissimi alle onde chiare e spumose che lambivano i loro piedi.

La osservò di sottecchi:[6] piena di buona volontà, come tutte le donne sole che superano i cinquant'anni e sono senza compagno. Ma lui non sarebbe caduto nella trappola. Si era accorto subito che era stramba: brevi gesti continui e inutili; discorsi smozzicati che rientravano in lei come le vene d'acqua che spariscono sotto il suolo e là continuano il percorso; l'ossessiva attenzione a un corpo che nessuno guardava, convinta che il sesso si può trovare all'improvviso come la pietra filosofale.

Adesso Mary ascoltava lui come avrebbe ascoltato un altro, aperta ad ogni eventualità, alla vita in genere: questa era la sua opinione. Comunque era un bene che il suo cane, così raccontato, uscisse fuori dalla sua mente e sparisse una volta per tutte, lasciandolo in pace.

'Mio padre morì' proseguì. 'Jolly ed io restammo soli. Non sto a raccontare tutto ciò che avvenne in quel periodo. Brutto però, per la rabbia che gli avvenimenti seguissero strade che mi sfuggivano. Mi capisce, vero? Insomma non si domina la morte, si sa, ma almeno la vita! Ebbene, non si domina nemmeno una minuscola, insignificante porzione di vita! Niente, non si domina niente. Mi avevano assicurato e insegnato che i cani sono fedeli e su di loro si può contare, e invece può accadere di no!'

Si fermò e si avvicinò al viso di Mary. Abbassò la voce. 'Capisce, carissima Mary? Può accadere dunque che un cane rifiuti il padrone, e questa è una terribile esperienza, le assicuro.' Fece una pausa perché era adirato e soffocava.

'Nessun cane, dicono, orina sul letto del padrone! Ma lui sì, lui sì!' Si distese sui sassi e sospirò. In modo più calmo concluse: 'Il veterinario che aveva faticato non poco a fargli un'iniezione, aveva esclamato scoppiando a ridere: "È proprio un vero bastardo!"'

Chiuse gli occhi e si decise a prendere il sole. Mary restò immobile a guardare lo scoglio di Mazzarò, poi alzandosi si aggiustò il costume sulle natiche un po' cadenti e con mosse aggraziate entrò nell'acqua: aveva una buona bracciata ed era una gradevole compagnia. La linea del suo corpo sembrava tracciata per seguire con abbondanza e segno incerto la vecchia linea di quando era stata una ragazza snella, graziosa per quanto si poteva capire. Lui preferiva le donne che invecchiando rimangono asciutte, con profonde rughe e più classe.

Ma tutto ciò era ancora più lontano di Jolly. Stava meglio da quando non tentava di fare all'amore. Avrebbe fatto eccezione forse per un'adolescente piatta come una bambina o come un maschio.

Lasciò perdere Mary e rivide il giardino della sua casa e l'odioso avvocato che aveva messo nel giardino gemello, affacciato sul suo al piano di sopra, l'altro bastardo.

Lui e Jolly per un lungo momento erano rimasti impietriti a fissare il nuovo cane, delle stesse proporzioni di Jolly, che li fissava a sua volta tra due ferri della ringhiera. Abbaiava, scodinzolava, si fermava aspettando.

Con uno scarto violento Jolly aveva rotto il silenzio e l'immobilità. Era scoppiato un frenetico abbaiare da uno all'altro. In due corse parallele scomposte e furenti, in un zig zag di pazzia, i due cani si muovevano e si fermavano per comandi invisibili, bloccati sulle zampe che tremavano per l'eccitazione, gli occhi negli occhi e il muso proteso.

Erano stati toccati da una scarica elettrica, colpiti da un'agnizione o dall'amore. Jolly teneva il muso rivolto in su e non intendeva ragioni. Anzi, da quel momento egli capì che il suo ascendente era finito. Intanto aveva sentito il padrone dell'altro cane che chiamava: 'Poker! Poker!'

Quindi si trattava di una beffa, di uno scherzo insultante ai suoi danni. Qual era il messaggio che gli si voleva fare arrivare? Non lo sapeva, non riusciva a decifrarlo. Piombò in una ridda di deduzioni. La sua vita tranquilla era definitivamente perduta. Il caso faceva scempio di lui.[7]

Si alzò sui gomiti. Mary di nuovo vicino si asciugava al sole e con grande piacere, pareva. Forse aveva continuato a parlare mentre lei era nell'acqua o aveva proseguito il racconto dentro di sé. Non aveva importanza una simile differenza. D'altra parte Mary lasciava che lui si comportasse come meglio credeva.

'Nessuno immagina che cosa ho passato. Scappavano insieme qualsiasi cosa facessimo per dividerli. Poker si buttava dal terrapieno rischiando il suicidio. D'accordo con l'avvocato mettemmo una rete ma Poker riusciva a formare una breccia rompendo la rete con i denti. Si ferivano. Prigionieri, fuggivano, sempre superando i nuovi ostacoli e finalmente insieme si buttavano giù per la collina in una corsa selvaggia e precipitosa. Ricomparivano solo per mangiare. Riuscivano a entrare negli altri giardini come veri vagabondi. Io, sempre io, andavo a riprendere i due bastardi, mi scusavo anche per Poker.

'L'avvocato era sparito. Lasciava il cane chiuso in giardino tutto il giorno: aveva capito che io, sempre io, preparavo da mangiare per i due cani, correvo a casa dall'ufficio per cercarli, per controllare le loro bravate e i loro danni.[8] A questo punto telefonai all'amico Antonio e chiesi consiglio. Mi disse: "Non permettere che i due cani stiano insieme, sono troppo giovani. Diventano selvatici e Jolly non ti riconoscerà più." Ma il male era fatto.'

Si fermò. Ansimava rivivendo quel periodo funesto e colmo di angosce.

Mary lo ascoltava con serietà e non lo interrompeva, pareva che volesse ricostruire qualche cosa, cercare i pezzi che mancavano in questo racconto affrettato e lacunoso.

Lui corrugò le ciglia dietro a un pensiero e proseguì riflettendo: 'Dicono che l'omosessualità è praticata tra i cani. Pensai anche che si trattasse di un caso del genere, ma non li sorpresi mai a montarsi. Magari erano troppo giovani. Pareva più un amore, un legame. Che so: una specie di indissolubile appartenenza, di necessità.'

Rimasero in silenzio. Adesso lui sentiva una specie di fiacchezza e supponeva che anche Mary condividesse questo stato. Le onde si erano calmate, il vento se ne era andato e il sole era troppo caldo.

'Persino di notte, con la torcia elettrica, andavo a cercarli, a costo di essere preso io per un ladro. Un bel giorno questa storia, che ormai tutti gli inquilini conoscevano, finì perché Poker e Jolly non tornarono più.'

'Oh, come mi dispiace per lei, mi dispiace!' esclamò Mary.

'Sì' annuì lui, 'Proprio così: sparirono per sempre. Che cosa era successo? Nessuno lo seppe mai. Li avevano rubati cacciatori di frodo[9] in fondo alla valle, nei campi? Questa era la tesi del portinaio. Si erano spinti tanto lontani da non trovare più la strada di casa? Avevano voluto fuggire? O erano stati uccisi da qualcuno che non ne poteva più di tanti fastidi?[10]

'Mi dispiace' ripeté Mary. 'Si sarà trovato molto solo.'

Lui alzò la testa e la fissò con un certo sorrisetto.

'Eh, no!' disse. 'Provai un vero sollievo invece. Quel maledetto cane era sparito come spariscono gli incubi. La mia vita ricominciava, la mia pace. Giurai che non avrei mai più avuto un cane, mai più.'

'E così ha fatto?' chiese Mary tutta stupita.

'Certo' rispose con sicurezza, 'così ho fatto.'

Rimasero di nuovo in silenzio. Dopo un certo tempo Mary si alzò e gli disse che si sarebbero visti domani. Lui fu molto infastidito che non ascoltasse le conclusioni di questo racconto: che aveva pianto per Jolly, che aveva sentito sempre di più la sua mancanza via via che i giorni passavano e che da allora un inquietante senso di rimorso lo perseguitava, un malessere dell'anima come se fosse stato lui il colpevole di qualche cosa, lui a spingere Jolly verso Poker perché inetto ad amarlo, lui a ucciderlo provocando la sua fuga. Aveva persino pensato che Jolly avesse preferito la morte alla sua compagnia. In tutta questa storia insomma c'era qualche cosa che non aveva mai capito.

# Sandra Petrignani
## Donne in piscina

Da qualche giorno ha ripreso a fare ginnastica. Indossa un body nero attillato,[1] scaldamuscoli avana. Lega i capelli in cima alla testa e ripete gli esercizi consigliati da un settimanale. È agile, esegue senza sforzo piegamenti e contorsioni, e mentre li esegue si osserva. Scruta a distanza ravvicinata le ginocchia che ha tirato sotto il mento, le gambe inarcate al di sopra dello sguardo. Da un certo punto di vista trentanove anni sono pochi, ma dal punto di vista di chi sta facendo ginnastica sono quelli che sono, scritti nella consistenza molle della pelle.

Lo dice alle amiche sul bordo della piscina. Hanno qualche anno meno di lei, ma già sanno lo strazio incredulo di dover convivere con le piccole rughe del viso, fili bianchi fra i capelli e il ventre che, quando sono distese a prendere il sole, non scava più un declivio sotto la stoffa tesa dello slip, ma forma una morbida collina a semicerchio intorno all'ombelico. 'È proprio questo che piace agli uomini,' sostiene Gabriella l'esperta, 'questi segni di femminilità matura. Io mi sento più bella adesso di quando avevo vent'anni.' Ed elargisce la solita lezione sul fatto che l'età non è questione anagrafica, ma quella che ci si sente, e le altre ridacchiano, dicono pigramente 'Sì, va bene,' si girano sugli asciugamani, tirano su i capelli, espandono tutt'intorno profumo d'abbronzante. La radiolina di Paola diffonde la musica facile dell'estate. 'Come si sta bene,' pensa Valeria e le si stringe il cuore per l'emozione. In autobus, poco prima, è stata felice in un modo simile per un fatto altrettanto irrilevante. Una ragazza seduta difronte portava un paio di jeans scoloriti, istoriati con le firme degli amici e fra le firme una frase di sconcertante ottimismo: 'La parola fine non esiste.' La parola fine non esiste, ripete fra sé Valeria e le viene da ridere, partecipe per un momento dell'incoscienza dell'essere. 'Sono ottimista, oddio come sono ottimista oggi,' dice ad alta voce. Laura le sorride. Gabriella accende una sigaretta, si siede all'indiana[2] con il viso verso il sole, cerca di strapparsi con le dita un pelo che spunta dal costume. Non ci riesce, chiede: 'Nessuna di voi ha un paio di pinzette?' Ma non è proprio una domanda, è quasi una constatazione, e infatti continua cambiando discorso: 'Quando avevo ventitré anni stavo con uno che ne aveva quaranta. Il suo corpo mi faceva impazzire, un corpo da ragazzo a vederlo, asciutto, esercitato in palestra. L'età la riconoscevi solo toccandolo. Non gliel'ho mai detto, ma era proprio questo a piacermi, sentire la pelle svuotata, soltanto appoggiata sugli strati più profondi, non aderente come quando si è giovani. Com'è la nostra adesso insomma,' e scoppia in una risata provocante che fa ridere anche le altre. Nella domenica di fine luglio la piscina condominiale è deserta e silenziosa. All'ombra degli alberi sta seduta una coppia di anziani coniugi. Sono vestiti identici, osserva Valeria, una camicetta chiara a mezze maniche e pantaloni grigi. No, lei ha una gonna, e le scarpe basse con i lacci, all'inglese. Forse sono inglesi. Sono sereni. Guardano avanti a sé senza dirsi nulla. 'Si sono già detti tutto,' fa Valeria rivolta alle amiche e Laura risponde senza alzare il viso: 'Ne hanno avuto di tempo.'[3] Si sentono cinguettare gli uccelli, pigramente come succede d'estate, e si sente lo sciabordio dell'acqua mossa da un unico bagnante, un adolescente muscoloso che si allena con metodo, una vasca dopo l'altra a stile libero,[4] ampie bracciate lente. Ogni tanto si riposa appendendosi al bordo e sputa acqua e respira con uno sbuffo fulmineo che scuote l'aria ferma.

Nell'erba si agita qualcosa. A piccoli salti un rospo procede verso il confine fra prato e piastrelle, la gola pulsa come nascondesse un grande cuore. Sembra spiarle, sembra affascinato, e infatti si avvicina abbandonando la terra fresca per accovacciarsi sul pavimento caldo. E appena a un metro di distanza dai piedi di Paola che immediatamente li ritira piegando le gambe. Grida: 'Che schifo'[5] e tutte guardano il rospo. Gabriella batte le mani per scacciarlo. Laura dice: 'Quant'è brutto.' Valeria è incuriosita: 'Sapete che non ne avevo mai visto uno?' Il rospo resta immobile a ricambiare gli sguardi. 'Non ci salterà addosso?' chiede Paola e si sente rispondere in coro: 'Figurati![6] Ha paura di noi!' Vorrebbe replicare 'Mica tanto,'[7] ma lascia stare e si distende di nuovo tenendo d'occhio l'animale. Non fosse per[8] il pulsare dell'addome parrebbe imbalsamato. Cercano di dimenticarlo, ma la sua presenza incombe nella mattina assolata. 'Mi farei il bagno,'[9] annuncia Gabriella imbronciata, però non si muove. Aspetta la decisione delle altre. 'Si sta così bene,' pensa Valeria ad alta voce, e Laura: 'Più tardi.' Paola armeggia con la radio finché non trova una canzone che le piace. 'Cerco un centro di gravità permanente che non mi faccia mai cambiare idea sulle cose sulla gente,' dice la canzone e Valeria ne resta vagamente turbata. Le capita qualche volta che le canzoni vadano dritte al punto, rivelandole qualcosa di sé.

Una delle favole che preferiva da piccola s'intitolava 'Il re rospo', in qualche libro veniva citata come 'Il principe ranocchio'[10] e le sembrava un modo ipocrito di dire la stessa cosa. Era una fiaba profondamente tragica perché raccontava di un uomo sensibile chiuso per incantesimo nel corpo repellente di un rospo. Una bellissima e sciocca principessa, giocando con una palla d'oro, s'imbatte nella creatura fatata e nulla percepisce del suo mistero, nota soltanto l'aspetto disgustoso. Perde la palla, simbolo di nobiltà e privilegio, e il rospo si offre di recuperarla dal fondo buio del pozzo in cui è precipitata. In cambio chiede tre favori: sedere alla tavola della principessa, mangiare una volta nel suo piatto, dormire una volta nel suo letto. Chiomadoro[11] – così si chiamava – promette. Il rospo si tuffa nel pozzo, trova la palla, la restituisce. La principessa la prende e corre via. Arrivata al Palazzo, dimentica completamente l'incidente.

'Cerco un centro di gravità permanente che non mi faccia mai cambiare idea sulle cose sulla gente. Avrei bisogno di…' dice la canzone. E Valeria rivive il suo odio per Chiomadoro, la totale identificazione con il rospo che chiede un dignitoso scambio, ma viene ingannato e respinto. 'Avrei bisogno di…che?' si chiede Valeria. E si risponde: 'Di niente,' ma non è più vero. La piacevole sensazione di leggerezza è sfumata. Sente caldo. La luce è accecante. I due inglesi patetici. Si gira a pancia sotto per non vederli. Le amiche stanno parlando di uomini.

'Perché sono pochi gli uomini a cui le donne piacciono sul serio,' sta dicendo Laura. 'L'ho sempre sospettato anch'io,' risponde Paola. 'Ma sì, non sanno mai da che parte cominciare,' fa

Gabriella. 'Cominciare che?' chiede Valeria. 'È che non basta desiderare un corpo, devi capirlo,' spiega Gabriella, 'devi avere veramente voglia di esplorarlo. Non sanno che toccare involucri,[12] non conoscono la connessione con gli stati d'animo. Sono pigri, non hanno fantasia.' 'Mica tutti,' e Laura ha abbassato la voce, allude a qualcosa di personale, ma non aggiunge altro. Tacciono, finché Gabriella: 'Ho avuto cinquanta uomini, da quando avevo quindici anni a oggi. Soltanto con tre ho raggiunto l'orgasmo. Tre su cinquanta, vi rendete conto?' Si leva un coro divertito: 'Non è possibile.' 'Giuro, tre su cinquanta sanno fare l'amore.' 'Ma non è possibile che tu sia stata con cinquanta uomini diversi. Io fatico a metterne insieme cinque,' Paola ride e scuote la testa. 'E ti è andata bene con tutti e cinque? 'Più o meno.' Ora Gabriella si scandalizza: 'Più o meno? Che vuoi dire?' 'Che mi pare di sì, ma forse no. Non è così facile capire.' Sono sedute su teli di spugna, anche Valeria si è accovacciata all'indiana: 'Sapete che d'estate facciamo sempre questi discorsi?' Il rospo immobile le guarda. Il ragazzo è salito sul trampolino e lo fa oscillare.

E Valeria guarda il rospo. Avverte un cambiamento nell'aria. 'Va tutto bene' si dice, e non ascolta più. La luce disegna cerchi davanti ai suoi occhi abbagliati e stanchi, l'acqua celeste della piscina, sconvolta dal tuffo, comincia a ondeggiarle nella testa. 'E l'assedio della tristezza,' pensa cercando di pensare il pensiero con ironia e decide di resistere. Ma le viene in mente il pianto a dirotto[13] quando da piccola leggeva 'Il re rospo' e il brutto animale accanto a lei la commuove profondamente. Si alza di scatto, salta nell'acqua. Il ragazzo, seduto sul bordo, la guarda nuotare: perfetta, veloce, come un atleta in gara col cronometro. Conta le vasche, alla sesta si ferma. Deve recuperare il ritmo naturale del respiro, aspettare che il cuore rallenti per trovare la forza di tornare all'asciugamano. Ha perso momentaneamente l'orientamento, si guarda intorno per localizzare le amiche e scopre un mutamento nello scenario. Un uomo è in piedi di fronte a loro, dice qualcosa di divertente perché ridono tutte e tre.

'Ma chi è?' si chiede Valeria in bilico fra curiosità e irritazione. La presenza estranea la rende irresoluta, si trattiene ancora in piscina, perché la infastidisce, adesso, affrontare le presentazioni ansante e scomposta. Ma sente freddo e si decide. Stringe la mano sconosciuta senza capire bene il nome, intravede fra i capelli bagnati una faccia attraente, poi si isola nelle procedure del dopo bagno e presta ai discorsi un'attenzione distratta. Prova a non dare peso[14] al turbamento. Il rospo è sempre lì. Parlano di un viaggio nel deserto, lui sta per partire. Capisce che è un amico di Gabriella e che si chiama Fabrizio. Ogni tanto ne incrocia lo sguardo e sa con precisione che non è casuale.[15]

'Perché certe persone si pongono subito nella vita di un altro in un modo fatale, la prima volta che le incontri?' si domanda, e cerca una sigaretta nella borsa anche se non ha voglia di fumare. 'Quest'uomo mi piace,' pensa. S'è rotto d'incanto il muro dell'indifferenza, percepisce la precarietà della sua posizione nello spazio, sbilanciata dalla vulnerabilità del sentimento. Lui le chiede: 'Vuoi accendere?' creando un rapporto preferenziale in mezzo alle altre voci che si confondono, una linea di comunicazione che va diritta alla meta mentre altre linee vagano alla deriva,[16] non raggiungono nessun punto. Le ha già avvicinato al viso la grande mano stretta intorno all'accendino e le sventola sotto il naso la piccola fiamma.

Avviene il colpo. Lui prende una sedia lasciata libera dagli inglesi. Ha l'andatura indolente, quasi effemminata, che hanno certi uomini, molto sicuri della propria virilità. Torna impugnando la sedia come uno scudo, la sistema e si siede vicino a Valeria che intuisce il pericolo e grida: 'Attento.' Ma è inutile. Si sente un sibilo, una materia bianca schizza intorno. Anche Paola grida alzandosi di scatto. Gabriella lancia un 'no' prolungato, Laura si rannicchia coprendosi il viso. Un brandello del rospo, schiacciato dalla sedia, continua a pulsare. Valeria non riesce a staccare gli occhi, mentre la visione le si confonde nel tremare di lacrime. Pensa: 'Era un rospo, era solo un rospo.' Ma non si consola, si lascia andare e il suo pianto scuote le emozioni nascoste degli altri, che restano silenziosi a riflettere. Quando Chiomadoro scappa, il rospo arranca lungo la scalinata reale e bussa imperiosamente alla porta per ricordarle il suo impegno. Il re padre s'informa sull'accaduto e ordina alla figlia: 'Una principessa non può mancare alla parola data.[17] Fa' subito entrare il rospo.' Il rospo siede dunque alla tavola del re. Mangia dal piatto di Chiomadoro nel silenzio compassato dei presenti. Poi si ritira con la principessa nelle sue stanze. La raggiunge sotto le coperte. A quel contatto viscido Chiomadoro grida, salta fuori dal letto. Prende l'animale con due dita piena di ribrezzo e lo scaglia contro la parete. Allora accade qualcosa di straordinario, il rospo schiacciato ritrova le primitive sembianze,[18] si trasforma in principe. Valeria si calma. L'amico di Gabriella sta dicendo: 'Cambiamo posto.' Sospinge Valeria che sussurra: 'non avevo mai visto un rospo. Solo disegnato in un libro di favole.' 'La favola del "Principe ranocchio"?' chiede lui e Valeria lo guarda instupidita per un momento. 'Mi metto all'ombra,' annuncia, sollevata di potersi allontanare dal gruppo.

Si distende sull'erba sotto un pino languido molto alto, e si rilassa. Canticchia: 'Avrei bisogno di... ' Pensa alla statistica di Gabriella, tre su cinquanta. Chiude gli occhi sorridendo, poi li riapre in tempo per cogliere l'immagine di Fabrizio che si tuffa in piscina. Un attimo prima di addormentarsi pensa: 'Sarà dei tre o dei quarantasette?'

# Ginevra Bompiani
## *Il ladro*

Polia Polka viveva in una bellissima casa sopra al mare. Ma ci viveva così sola che le stanze risuonavano delle onde emesse dal suo cuore. A volte s'incantava davanti a una finestra a guardare la bellezza. La luce azzurrina che saliva scintillando, quella aranciata[1] che correva orizzontale, il suono di gabbiani, barche, voci che traversavano il porto verso le baie, superando le grigie mura del castello. La casa era quel che aveva salvato dal suo matrimonio, e a volte si domandava se per tutta quella bellezza non avesse pagato ogni altro avere.[2] La casa era tutto quel che aveva. La bellezza dalle sue finestre era la bellezza; i rumori che salivano dal porto erano i rumori; il via vai[3] dei commerci del porto erano tutto il commercio. Era ricca nella stessa misura in cui era povera, perché la sua sola ricchezza era un recipiente vuoto. Una casa è un luogo di accoglienza, ma le poche visite, del postino e della sarta del piano d sotto, visite in punta di piedi, appena sporte dalla soglia[4] (là il postino si fermava, come se avesse paura di essere inghiottito), non bastavano a fermare nemmeno una delle onde che percorrevano silenziose le stanze. Ferma davanti a una delle sue finestre, la signora Polka pensava che tutti i timori della sua giovinezza si erano avverati.

Da ragazza aveva avuto una grande energia in un corpo minuto e fragile, ed era stata dotata di un'indole pauroso con vocazione al coraggio. Queste doti l'avevano aperta a un avvenire non comune. Avvenire che le era stato promesso molto precocemente, e poteva ancora ricordarne la nascita. Si trovava in un giardino, ed era il giorno del suo quinto anniversario. Percorreva quel giardino con le mani dietro la schiena e rifletteva profondamente sulla grande scoperta che l'aveva appena traversata. 'Io sono qui, e sono io, chi altro può essere io? Questa è una cosa specialissima, tutto non può che essere diverso dal momento che sono io.' Ora, ferma, incantata davanti alla sua finestra, la signora Polka si chiedeva se, dopo tutto, le conseguenze della sua scoperta non fossero proprio queste: fino in fondo aveva succhiato l'osso dell'essere se stessa.[5] Senza darvi maggiore importanza di quanto il fatto non richiedesse[6] non era però riuscita, malgrado le apparenze, a dare importanza a nient' altro.

Così tutta la sua esistenza, e la sua attuale miseria, le sembravano a volte poggiare su quella minuscola passeggiata, con le mani conserte dietro la schiena, nella quale, a cinque anni, aveva capito di non poter più fare a meno di sé. Non poter prescindere da sé, una persona di così poco conto[7] la lasciava ora imbambolata davanti alla finestra, o meglio, non imbambolata: ferma, vigile, sospesa, deserta.

La sua casa era davvero bella: i soffitti delle stanze erano affrescati con leggere ghirlande, le finestre davano sul porto e sulla baia, un terrazzo si stendeva fuori del salotto carico di oleandri e boughanvillee: il salotto si apriva su di esso attraverso una larga vetrata; su un'altra parete si apriva una finestra più modesta, appartata, affacciata sul paese vecchio e, fra casa e casa, la marina. Era a questa finestra che Polia Polka s'incantava, qualcosa, uno straccio per la polvere, in mano, ferma davanti alle due persiane chiuse e rialzate al modo ligure,[9] che scoprono il paese nascondendo il cielo troppo splendente.

Una bella casa basta alla felicità? si domandava da ragazza, occhieggando case che cingevano ai suoi occhi il mistero della propria bellezza, case invidiabili, abitate da invisibili ospiti. Ora imparava a conoscere l'effetto della bellezza sull'anima.

Non avrebbe potuto vivere mai più senza la bellezza, pensava, e la sua anima era indotta da essa all'umiltà, a vergognarsi di desiderare ancora, alla malinconia, al languore, all'obbedienza. E tuttavia, l'avrebbe lasciata per seguire qualcuno che si fosse presentato con irruenza e avesse reclamato la sua presenza altrove? Oh, ma subito, con sollievo! pensava la signora Polka, ferma davanti alla finestra, ma chi mai si sarebbe presentato con irruenza alla sua porta, chi mai avrebbe reclamato la sua presenza altrove se non per qualche fastidioso dovere?

Non aveva più l'età, la signora Polka, né l'aspetto, per aspettarsi un simile visitatore. Era sul limite dell'età che rende ogni speranza ridicola (ma qual è questo limite?), era sulla soglia della derisione (ma qual è questa soglia?). Non poteva che non aspettare, aspettando.[10]

Fu riscuotendosi da questi pensieri che la signora Polka si trovò con uno straccio per la polvere in mano e la spesa ancora da fare, il latte da comprare, e la carne per il cane, e i biscotti preferiti, e qualcos'altro da mettere sotto i denti.[11]

Posò lo straccio sul tavolino basso davanti al divano, si aggiustò i capelli e svelta corse a prendere la borsa per la spesa e si precipitò giù per le scale ripide che la conducevano all'androne di casa e poi più giù ancora, più larghe e curve, in fondo al paese.

Nella piazza larga di sole la signora Polka rallentò il passo, salutò con un cenno del capo i conoscenti, nessuno dei quali era diventato un amico, per la natura poco socievole dei paesani e quella poco ciarliera della signora Polka, ed entrò uno dopo l'altro nei negozi, dove troneggiava questo o quell'antico forestiero, divenuto ora (per la natura poco industriosa dei paesani) un grasso macellaio, il vasto coltello nella mano destra, il mucchio di carne saldamente nella mano sinistra, che dall'alto della sua pedana la apostrofava giocondamente:[12] 'che cosa le diamo oggi signora Polia?'. Era questo il momento che Polia Polka aspettava per decidere, lasciando in attesa gli avventori, mentre ansiosa riandava tutte le possibilità,[13] e soprattutto quelle che avrebbero soddisfatto insieme lei e il suo cane, che le zampettava dietro col suo passo corto di botolo.[14] 'Un pollo, signor Fiorenzo!' disse alla fine, disperata. 'E pollo sia!' concesse Fiorenzo, e la mano destra si abbatté pesantemente sul collo dell'animale, dividendolo dal corpo spennato. La stessa mano veloce staccò le zampe mentre la sinistra si infilava indiscreta nella pancia per estrarne le viscere sanguinanti. Ora affettava via il fegato e rovesciava l'intestino, già iniziando a conversare con la prossima cliente, Polia Polka sull'orlo dell'oblio.[15] Avvolto in carta gialla il pollo precipitò verso di lei; che sollevava come un'offerta la somma richiesta.

La signora Polka e il suo cane ripresero la scalata del paese.

La casa si mostrava a chi saliva, rosea e gialla come una pesca matura, i bei colori antichi leggermente scrostati, soffitti affrescati visibili dietro le persiane. 'Di chi sarà questa bella casa?' si diceva ogni mattina la signora Polka, mentre il cuore le batteva di emozione nel contemplarne la momentanea estraneità. 'Vorrei vivere in questa casa?' si chiedeva, conoscendo già la risposta: 'Sì, sono io, proprio io che vivo in questa bella casa!'

Essa si era identificata con questa bella, svogliata, distratta, zitella di casa.[16] Le pareti bianche e fresche parlavano nell'ombra in cui le persiane le lasciavano, dicevano parole di accoglienza e di commiato, perché altre non ne conoscevano.

Le scale buie in cui trascinava la sua spesa, sempre seguita dallo zampettare compiacente del cane, la conducevano a un balatoio antico di mattonelle grigie e rosse, e una balaustra di ferro nero. Qui si apriva la grande porta di noce massiccio, sul pavimento di losanghe più larghe, nere e grigie, dell'ingresso, e poi sulla luce sgargiante del soggiorno e della cucina. Qui la signora Polia posò sul tavolo di marmo la sua spesa, per riposarsi un poco della fatica compiuta.

Ritrovare la sua casa così bella e così vuota era ogni volta un capogiro. Come quando un rumore molesto o una scossa ti sveglia bruscamente dal primo sonno, e il cuore ha una fitta di dolore, quasi che staccandosi dai sogni lasciasse qualche lembo di pelle. Cadde seduta sul divano, le spalle alla finestra. Lasciò che il capogiro si assestasse[17] nella vertigine blanda e consueta. Così non udì né fruscii, né scalpiccii, né strepiti né sciabordii. E fu con la coda dello sguardo opaco che vide passare davanti alla porta, fra la cucina e la camera da letto, le zampe corte e il muso quadrato del cane, qualcosa, come uno strascico, fra i denti.

Solo più tardi la signora Polka si alzò dal divano ed entrò in cucina. Lo sguardo le cadde sul tavolo di marmo e lo trovò vuoto. Macchie di sangue striavano la superficie grigia, e il cartoccio giallo pendeva dal bordo. 'Dove ho messo il pollo?' domandò a voce alta la signora Polka che dubitava dei propri gesti. Cercò nell'acquaio, nella dispensa, nel frigorifero, e solo allora il passaggio furtivo del cane davanti alla porta del soggiorno le balenò alla mente. Un grido soffocato le uscì di rincorsa,[18] e precipitandosi nel corridoio verso la camera da letto immersa nell'ombra delle gelosie, ve lo trovò, acquattato fra le gambe dell'armadio, intento. Il pollo giaceva riverso, il mezzo collo abbandonato, una zampa addentata. Come la vide, il piccolo cane della signora Polka alzò gli occhi, senza mollare la presa,[19] considerando. L'istinto di fuga e quello della presa combattevano fortemente, e lo lasciavano inerme. Le due mani si abbatterono, una sul corpo steso, l'altra sull'animale spennato che teneva fermamente fra le zampe, e li separavano. Ma ciascuno vinse in parte e il cane si rifugiò sotto l'armadio con una zampa ancora fra i denti.

Bastava a volte un piccolo episodio come questo per fare vacillare l'equilibrio della signora Polka e l'armonia di echi che si inseguivano di stanza in stanza. E ora tornava nella sua cucina con le spoglie maciullate del pollo, come Agamemnone col corpo di Ifigenia.[20] Come prima nel cane, ora i due istinti lottavano in lei, di conservazione e di repulsione. Meccanicamente, senza cessare di pensare, riempì di acqua una pentola, la lasciò bollire e ci gettò la carcassa del pollo, insieme a una cipolla e una carota, e poi sedette ad aspettare sulla sedia della cucina. Il pensiero correva al ladro che di là, nella sua stanza, consumava il suo furto, dopo averle rubato non tanto una coscia di pollo – che avrebbe potuto avere in ogni caso – ma l'ultimo scampolo di compagnia, quella che si tengono due viventi quando consumano un pasto in comune.

Dopo che il pollo ebbe bollito a lungo, lo tirò fuori dalla pentola, lo sistemò sul piatto, e lo lasciò freddare davanti a sé, toccandolo con la punta della forchetta, con piccole punzecchiature svogliate.

La giornata aveva preso quel pendìo, e non si riebbe più.[21] Si affacciò la sera, coi suoi grigi, i suoi gridi, e il brodo, scremato, comparve sul tavolo a testimonianza estrema della rapina.

Non c'era televisione in casa della signora Polia; 'il tempo è meglio sentirlo, se no ti prende di sorpresa', diceva. La sera scorreva perciò da sola, senza travestimenti. Polia apriva le finestre sul terrazzo, tirava avanti la sedia, e ascoltava il paese, guardando le barche che tornavano, il vaporetto. Alla luce morente leggeva un giornale, poi lo posava sul tavolo basso, accanto allo straccio per la polvere dimenticato, per non accendere la luce elettrica e chiamare le zanzare; e perché non c'è niente di più bello che la luce della sera sul mare, le striature rossicce in fondo al cielo, sopra al braccio di costa che avvolge il porto; e le prime luci che si accendono nel paese di fronte, dalla chiesa al castello, e il faro con la sua eterna S in alfabeto Morse.

Finché era ora di chiudere, il cielo nero perforato di luci, la barca sonora che trasporta i turisti notturni in gita danzante intorno alla baia, (una ghirlanda di luci e colori sgargianti), l'orologio della chiesa che batte con voce fessa le nove.

Polia si coricava presto, del cane non sapeva nulla fin dal mattino; non si era più fatto vedere, ciascuno era rimasto al suo posto. Chiuse bene tutte le persiane, sprangò la porta e andò a letto.

Dormiva da qualche ora quando un piccolo rumore la svegliò. Aveva il sonno leggero, ma ai rumori del cane era abituata. Immaginò che avesse approffitato del suo sonno per scivolare dentro la stanza e riprendere il posto abituale, sul tappeto accanto al letto. Non si sbagliava, accendendo la piccola luce da notte incrociò gli occhi che la guardavano bruni e immobili. Spense la luce, lo sentì grattarsi dietro il collo, sbuffare un poco e sistemarsi per dormire. E fu allora che udì distintamente il piccolo rumore. Non proveniva dal tappeto ma dall'armadio. Non proprio lo scricchiolio del mobile di legno nella casa vecchia, non proprio il rosichio di un topo, né quello di un tarlo, un rumore diverso, che usciva dalla notte con una sua intenzione di rumore.

La signora Polia rimase al buio ad aspettare che il rumore si rivelasse. Ma poi che non accadeva, accese di nuovo la luce. Il cane aveva gli occhi pronti verso di lei, le orecchie rovesciate. Spense la luce e restò ferma, supina nel letto. Il silenzio occupò ancora la stanza; e il sopore. Ma allora il rumore ricomparve, annunciandosi piano piano, con un araldo di suono più basso,[22] più soffice, come di qualcuno che cerchi il suo posto, strusciandosi di qua e di là, e poi alzandosi e picchiettando nella parete di legno.

La signora Polia accese la luce e si alzò a sedere. Coi capelli grigiobianchi tremuli intorno alla testa, come un'aureola spettinata, la camicia aperta sul collo, le mani che premevano sul lenzuolo, Polia Polka ascoltava. Ma il rumore non riprendeva. Era un rumore legato al buio, al segreto, un rumore da non ascoltare. Voleva farsi sentire, non ascoltare.[23] Era come la luce del faro, che se lo aspetti non arriva, non finisce mai il suo giro, me se ti distrai ecco che fora la notte col suo raggio sicuro. Allora Polia si alzò e

120

andò all'armadio. Lo aprì e guardò in basso, dove di solito si piegano le sciarpe e i foulard. Il fondo dell'armadio, sopra al cassetto, era nudo, nemmeno foderato di carta, e non vi era appoggiato niente; ma qualcosa vi luccicava, un piccolo oggetto oblungo, bianco, una scheggia di luce. Polia si chinò a guardare meglio, e vide un osso di pollo. Un osso della coscia del pollo spolpato dal cane. Era lì, bianco e pulito, sul legno dell'armadio.

Polia ebbe una smorfia di repulsione, e con due dita afferrò l'ossicino, lo sventolò minacciosa sul muso del cane[24] e poi andò a portarlo in cucina, nel secchio dell'immondezza.[25] Chiuse il coperchio e tornò a letto.

La notte trascorse senza altre soste. E l'indomani Polia e il cane procedettero paralleli, spezzata l'unità, ciascuno ritagliando nella casa la sua giornata. Ci fu la discesa al paese, la risalita, l'apparizione della casa alla svolta. Ci fu il pasto, una qua l'altro là, il riordino e le cento attività che riempono la giornata senza riempire la vita. Ma Polia non tornava col pensiero al piccolo prodigio della notte, prodigio di troppo lieve entità per cambiare qualcosa. Le cose spesso non hanno un motivo, pensava la signora Polka, ma hanno sempre una spiegazione.

Venne la sera con le sue luci, il suo faro, la sua nave fantasma, le sue zanzare, e Polia Polka chiuse le finestre e se ne andò a letto. Dormiva da poche ore quando lo stesso rumore si fece udire svegliandola. Istintivamente Polia Polka girò la testa verso il tappeto dove dormiva il suo cane, e poi verso l'armadio. Ricordava di aver buttato l'osso nella spazzatura e dunque, se anche la piccola tibia avesse voluto ripetere il suo modesto prodigio, non si sarebbe più trovato sul posto. Eppure il rumore c'era. Era lo stesso rumore della notte prima, ma aveva perduto quel tanto d'intenzionale[26] che lo distingueva dai cigolii del legno e dai bisbigli della pietra. Era lo stesso rumore, ma confuso nelle mura e nei mobili, come se si fosse ormai assuefatto alla casa o la casa a lui. Dunque, pensò la signora Polka, non era l'osso ieri sera a rumoreggiare. E con quella fiducia che ogni fatto può essere disfatto e ogni apparenza smentita che ci sostiene per tutta la vita, la signora Polia si alzò a verificare.

Aprì l'armadio e là, sul fondo, come una conchiglia sul fondo lucido del mare, c'era l'osso. Ma non sembrava quello della notte prima, sembrava cresciuto nella sua forma, un osso bianco e pulito, con le due giunture rotonde, non più di pollo ma forse di oca, quasi di tacchino, a meno che questo fosse ora davvero l'osso della coscia del pollo e quello della notte precedente un altro osso minore. Eppure occupava la stessa posizione e mostrava gli stessi lineamenti.

La signora Polia restò ferma davanti all'armadio aperto. Si girò lentamente verso il cane, che dormiva fra le zampe, e poi ancora a quel minuscolo frammento di scheletro; qualcosa saliva lungo il suo corpo, come un brivido lungo, ora freddo ora caldo; raggiungeva la radice dei capelli e glieli tirava con mille trafitture; non osò toccare, richiuse e riaprì l'armadio. Poi tornò a letto, e vi rimase seduta, con le lenzuola strette fra i pugni davanti alla gola, l'aureola spettinata di capelli, gli occhi dritti a quell'apertura e quel baluginio d'osso.

Che voleva da lei quell'osso? Perché si era insediato nella sua vita? Che cosa ve lo aveva portato?

Lentamente scivolò giù sui cuscini. Ripensò a tutte le possibilità: che il cane avesse frugato nell'immondezza e vi avesse trovato un osso migliore del precedente e lo avesse di nuovo nascosto, per dispetto, nell'armadio. Ma quel rumore? E se anche l'osso e il rumore erano solo una coincidenza, ormai la coincidenza era avvenuta, si era stabilita, aveva invaso le sue notti. Cercò di addormentarsi con la consueta sicurezza, quella che aveva addormentato tutta la sua vita.[27]

Era un'altra persona che si svegliò la mattina. Un'altra aprì l'armadio e gettò l'osso nella spazzatura, portò la spazzatura in paese, e la chiuse nei cassoni. Era una persona leggermente scollata, come se ogni circostanza, ogni coincidenza, ogni congiunzione fosse stata colpita dal dubbio. Una piccola lama si era insinuata fra scatola e coperchio, e dalla fessura esalava il suo profumo. La giornata trascorse, e avvenne la notte. Polia Polka prolungò la serata. Il tramonto fu lungo e bellissimo, un rosso feroce addentò il cielo sopra il braccio di costa, il mare splendette in un incrocio di sciabole, le barche adagiavano piccole scie filando nere verso il porto. Ma qualcosa aveva scollato la bellezza da lei, era come se non coincidessero più. Alzò la mano per carezzarne la supreficie, l'aria tiepida e cristallina, e vide la propria mano come le barche, bruna contro il cielo, in negativo. 'Che sciocchezze,' mormorò Polia Polka abbassando la testa. 'Devo far qualcosa,' pensò ancora. Non bisogna farsi cogliere così alla sprovvista,'[28] disse fra sé. Andò a raccogliere un lavoro lasciato da tempo, e agucchiò davanti ai vetri, fino all'ultima goccia di luce. Poi si coricò.

Era notte fonda quando il solito rumore la svegliò. Si alzò a sedere sul letto, e restò ferma a guardare verso la porta dell'armadio, senza accendere la luce. Là, dietro l'anta, lo vedeva, grande osso gigante, bianco e pulito. Lo vedeva balenare nel buio, il suo fascio di luce negativa. La signora Polia tremava in tutte le membra, i grigi capelli ritti intorno al capo, le mani strette al lenzuolo, arresa.

'Chi sei?' disse, battendo i denti: 'Tu, tu…'.

E poi, nel silenzio: 'Prendi,' disse, 'prendi tutto…' e con un sospiro quasi di sollievo si tuffò nel letto, la faccia sul cuscino, libera e spoglia.

# Marina Mizzau
## *All'aeroporto*

Il signor Rossi sta viaggiando verso l'aeroporto, e ha un problema serio. Deve incontrare il signor Bianchi, che non conosce e da cui non è conosciuto. Al telefono Rossi ha chiesto a Bianchi: 'Come facciamo a riconoscerci?', e Bianchi gli ha risposto: 'Non c'è problema, io sono bruttissimo'.

Il signor Rossi esamina alcune possibilità d'azione e le scarta. Neanche pensare[1] a presentarsi semplicemente a Bianchi, ammesso di riconoscerlo,[2] implicitamente concordando sulla sua bruttezza. Potrebbe allora abbordarlo dicendo: ma non è poi così brutto, non l'avrei riconosciuta. Rossi non tarda a rendersi conto dell' insensatezza di un comportamento del genere, della sua evidente paradossalità.

Si rammarica ora di avere accettato quell'assurda consegna, di non averla discussa, di non avere offerto lui un segno di riconoscimento. Se non altro per cortesia:[3] anch'io sono brutto. Ma non era vero, in fondo, e Bianchi ci sarebbe rimasto ancor peggio,[4] a vedere uno tanto meno brutto di lui che si definisce brutto. E se poi Bianchi non lo fosse così tanto? La bellezza è un fatto soggettivo. Avrebbe potuto dirgli al telefono: ma no, impossibile che sia così brutto da farsi riconoscere. Come impossibile? E se poi lo era? Avrebbe solo peggiorato la situazione.

Resta il fatto che non può così, brutalmente, ammettere il riconoscimento. Potrebbe fingere un equivoco. Fermare prima uno qualsiasi, forse più di uno, brutto, o non tanto brutto, magari anche bello. Un modo come un altro per dire a Bianchi: in fondo non ha nulla di particolare la sua faccia. E se questo lo offendesse ancora di più? Non riconoscergli neanche il diritto alla bruttezza?

D'accordo, uno ha il diritto di essere brutto e di saperlo, magari anche di esserne fiero. Ma deve subirne le conseguenze: un brutto può pretendere di essere riconosciuto tale,[5] ma non può pretendere l'ammissione del riconoscimento, non può pretendere che gli altri si sottraggano alle normali regole di cortesia.

Il signor Rossi si racconta storie consolatorie. In fondo, non è poi una situazione così unica la sua. Come faranno al cinema per scegliere un attore – peggio, un'attrice – per una parte da brutto? Dovranno per forza dirglielo. Forse no, gli dicono solo che devono truccarlo da brutto. Ma allora, penserà quello, perché scelgono proprio me? Ci sono tanti brutti veri.

Se lo riconosco, pensa il signor Rossi, non glielo dimostrerò subito. Assumerà un'espressione fortemente perplessa. Che il suo sguardo dica[6]: forse è lui, però non è tanto brutto. Che l'altro lo individui, non dal riconoscimento del suo riconoscimento, ma del riconoscimento della sua perplessità. Che Bianchi legga un dubbio nello sguardo di Rossi, e che di conseguenza il dubbio venga a lui: non mi riconosce, non ne è certo. Allora non sono poi così brutto.

Oppure: Bianchi non riconoscerà la perplessità sulla sua bruttezza, ma la perplessità circa il manifestarlo. Ecco, sarà Bianchi a riconoscere Rossi dal suo imbarazzo. È questo il segno che in realtà gli è stato proposto.

Ma perché farla così complicata? Perché il signor Bianchi non gli ha dato qualche altro segno di riconoscimento, oltre la bruttezza, un piccolo indizio secondario magari poco utile, ma che avrebbe permesso a Rossi di fare passare ufficialmente in secondo piano[7] il segno principale? Sono brutto e ho i baffi. Sono brutto e ho in mano il *Corriere della Sera*. Sarebbe stata un'altra cosa. È lei, l'ho riconosciuta dai baffi. Non importa che ci siano altri baffi in attesa, magari su visi belli. Un'elegante scappatoia, di cui entrambi si sarebbero avvantaggiati. Niente, Bianchi deve essere un sadico. Certamente si sta divertendo un mondo[8] a pensare a come si comporterà Rossi, a prevedere tutte queste sue apprensioni. Rossi ora ha voglia di punirlo. Buongiorno, è lei, sì, davvero è proprio brutto.

Il signor Rossi è all'aeroporto e osa appena guardarsi intorno. Un viaggiatore in attesa fa scorrere lo sguardo[9] su di lui. È un uomo bellissimo. Rossi è attraversato da un sospetto spiacevole. Che sia lui? Così sfrontato da giocare sugli opposti,[10] così impudico da non resistere alla tentazione di procurare un tributo al suo fascino attraverso la sorpresa? Rossi diventa maligno, vorrebbe affrontarlo dicendo, con molta serietà: beh, non è poi così brutto. L'uomo bello si dirige dalla sua parte, Rossi si guarda a lato: c'è una ragazza bellissima che gli va incontro.

Rossi si vergogna un po' del cattivo pensiero, tanto più che adesso l'ha visto. Sì, è brutto. Non tanto però; Rossi non ha bisogno di fingersi perplesso: lo è davvero. È imbarazzato sì, ma non per dover far mostra di non riconoscere[12] la bruttezza, ma perché davvero è incerto. Vorrebbe che il signor Bianchi, se è lui, riconoscesse questa sua reale perplessità, che non la confondesse con finta perplessità, con imbarazzo simulato.

Certamente è lui. Non è molto brutto, ma ha l'aria di chi si crede brutto. Ciò suscita nel signor Rossi un'improvvisa simpatia. Vorrebbe riconoscerlo subito, per comunicargli la sua comprensione, ma a questo fine[13] forse la cosa migliore è di non riconoscerlo.

Il signor Rossi si arrende. Vigliaccamente abbassa lo sguardo e aspetta. Resteranno soli alla fine, e allora non ci saranno più problemi.

# Paola Capriolo
## *Il dio narrante*

Innanzitutto dovrei decidere chi sono.[1] Forse il cadavere del lord
disteso sul pavimento della biblioteca con una pallottola in corpo,
proprio all'altezza del cuore. Ben si comprende però come da un
tale punto di vista, a meno di non ricorrere a ipotesi indimostrabili[2] circa la sopravvivenza dell'anima, ci sarebbe poco da
raccontare. Potrei essere invece l'assassino che a cauti passi
abbandona non visto la scena del delitto, ma in questo caso, è
evidente, incorrerei nell'inconveniente opposto[3] e avrei non già
poco, ma troppo da dire.

Chi, allora? Il tenace investigatore che va pian piano dipanando
la matassa intricata,[4] l'uno o l'altro dei testimoni sospettati e
prosciolti Oppure un dio che guarda dall'alto, e tutto vede, tutto
conosce? O forse un dio dallo sguardo appannato,[5] cui le vicende
delle proprie creature si mostrano solo da lontano e in maniera
confusa, un dio che spesso non sa, ma tenta di indovinare cosa si
nasconda nei cuori, affamato di eventi, reso curioso dalla sua stessa
impotenza.

Ma perché gli occhi dalla vista imperfetta dovrebbero ora
capitare proprio nella biblioteca, posarsi sul corpo inanimato del
nobiluomo, compiacersi morbosamente di osservare la ferita
mortale provocata dal proiettile o meglio ancora dall'antico
tagliacarte, il cui manico d'avorio intarsiato si leva dritto e terribile
sul petto della vittima? Perché tutto questo e non invece, poniamo,[6]
una dama e un cavaliere che giocano a scacchi nella sala di un
turrito castello, e dalla finestra giunge il richiamo di un mare
freddo e grigio solcato da rare navi avventurose? Servi e vassalli
corrono qua e là, non si sa bene cosa facciano. Circa le ancelle vien
voglia di essere più precisi e di stabilire in primo luogo che sono
tutte bellissime, fanciulle di nobile sangue ridotte in schiavitù da
qualche guerra; in secondo luogo che si dedicano presentemente ad
accudire alla gentile figura della padrona (una principessa, va da

sé[7]), pettinandole i lunghi capelli biondi, cospargendone il corpo candido di unguenti preziosi e di essenze che arrivano dall'oriente.

Ma il dio è troppo curioso, troppo impaziente, e confonde spesso il prima con il poi. Il tempo giace dinanzi a lui come uno spazio immobile, fatto d'ombre e di luci eppure tutto presente, e solo con grande sforzo può capire la bizzarra prospettiva da cui i mortali contemplano questa vasta distesa, scambiandola, chissà perché, per un fluire continuo, un trapassare incessante da un nulla all'altro. Considerando le cose in tal modo, è evidente che l'intima cerimonia celebrata dalle ancelle intorno al corpo nudo della loro signora non può svolgersi in presenza del cavaliere, e che di conseguenza la partita a scacchi deve essere già finita, oppure non è ancora incominciata.[8] Il dio se ne è quasi scordato, della partita a scacchi, e del mare grigio che mormora in lontananza, per non parlare del povero lord che continua a giacere sul pavimento in attesa di una postuma vendetta. La vendetta può aspettare, il mare seguiti pure[9] nel suo mormorio lontano: tutta l'attenzione del dio è lascivamente concentrata sul rito della vestizione della dama, o della sua svestizione, lui non può saperlo, perché ha dimenticato il prima e ha dimenticato il poi. Vede solo, come fosse l'eternità, l'istante in cui il giovane corpo si alza nudo fra quelli vestiti delle ancelle. E trattiene questo istante, lo dilata, si diverte a fissarne nella propria mente divina ogni minimo particolare. Vi si sofferma con una tale ostinazione da far temere che[10] il corso del mondo si arresti per sempre obbedendo al suo capriccio. Poiché come è noto, sebbene il capriccio sia per definizione qualcosa di fugace, il capriccio di un dio può mantenere questo carattere effimero e ciononostante durare in eterno. Forse lui non sa nulla della nostra eternità, inglobata nella sua come una goccia d'acqua nella distesa fredda e grigia di quel mare che già abbiamo menzionato, e che intanto seguita a mormorare.

Ma cosa c'entra il lord con la principessa, la scena del delitto con il turrito castello? Niente, risponderebbe il dio che come tutti gli dèi è un pessimo narratore.[11] O direbbe che il legame esiste solo per lui, e aggiungerebbe poi che questo intimo nesso si estende anche a un certo elefante bianco dell'esercito di Annibale, a un'isola corallina le cui spiagge dalla sabbia rosata sono percorse dai piedi nudi di feroci cannibali, o al celebre teatro lirico di una città europea dove in questo preciso istante, mentre la principessa si veste o si sveste, sta per debuttare un'opera destinata a fama eterna.

È tentato di lasciar perdere per un poco la bianca fanciulla e di soffermarsi a descrivere l'aspetto pittoresco dei cannibali, con la pelle tattuata e gli altri copricapi di piume, e intanto pensa con vaga tristezza alle legioni che da un paese lontano verranno, o sono venute,[12] a ridurre in schiavitù quegli orgogliosi selvaggi, e pensa al grande compositore il quale nello stesso istante passeggia fra vette alpine cercando di immaginare il debutto della sua opera, cui non può assistere per motivi che il dio, così su due piedi,[13] non riesce a ricordare.

Anche se non dotata di onniscienza, la sua mente divina è infatti capace di coltivare contemporaneamente due pensieri diversi o anche di più: non sarebbe dunque illegittimo supporre che almeno un cantuccio sia rimasto libero per continuare ad accogliere l'immagine della solita principessa. Il lord invece non lo interessa proprio, se ne riparlerà eventualmente quando le indagini sulla sua morte giungeranno alla svolta conclusiva, dal dio già prevista e dimenticata. In fondo egli non fa che leggere e rileggere gli stessi libri, oppure li sfoglia svogliato, invertendo l'ordine delle pagine.[14] Solo le provvidenziali lacune della memoria, la miopia dello sguardo, lo salvano dal precipitare nello sconfinato abisso della noia, e quando gli capita di sentire qualche teologo che disserta sulla sua infinita sapienza e preveggenza si affretta a compiere allarmato ogni possibile scongiuro.[15]

Contempla le proprie creature, ibridi frutti del tedio e della distrazione, e a volte, se gli attori sono dotati di un talento particolare, si lascia anche avvincere[16] dallo spettacolo già cono-sciuto dei loro destini. Così questo corpo nudo, chissà perché, doveva essere sfuggito alla sua attenzione, e adesso gli ritorna come qualcosa di assai piacevole, simile forse a quell'evento definito dagli uomini una 'sorpresa,' e negato agli esseri del suo rango. Gli dispiace soltanto che fra le cose che furono e che saranno non sia registrata, a quanto gli risulta,[17] una sua avventura con la principessa. Del resto lui non appartiene alla specie degli dèi che si immischiano di continuo nelle faccende del mondo: si limita a osservare, dall'alto, con sguardo offuscato. Non è quel che si dice un dio d'azione.

A volte chiude gli occhi per scoprire se in tal modo la realtà non cessi per caso di esistere, ma nella tenebra dell'assenza di visione continua a giungergli il brusio confuso e molteplice della vita, e li riapre deluso.

Gli è sempre piaciuto, questo nuovo preludio che risuona nella penombra del teatro. Spesso egli ferma il tempo e lascia che una brevissima serie di note si ripeta per un numero di volte che gli uomini direbbero infinito, come forse dicono infinito questo suo divagare senza meta,[18] e si spazientiscono. Non sanno che un dio, anche se non è onnisciente, vede troppi fatti per poter raccontarne uno solo dal principio, li confonde l'uno con l'altro, inverte a suo capriccio la successione degli eventi, l'ordine delle pagine, e la sua attenzione si disperde negli infiniti avvenimenti secondari.

'Secondario' è una parola della quale non è mai riuscito a comprendere il senso. Ogni cosa appare ai suoi occhi talmente intrecciata con tutte le altre, che a volte i confini si annullano nella visione di un unico essere gigantesco. Se tuttavia, come fanno gli uomini, dovesse stabilire una gerarchia fra gli elementi dell'universo, metterebbe senza dubbio al primo posto una certa penna dell'ala sinistra dell'angelo che al mattino gli serve la colazione, una penna lunga, il cui colore non esiste in tutta la natura e spicca sul banalissimo candore del piumaggio. Seguirebbero, nell'ordine, l'opera destinata a fama eterna, una polena di nave a forma di sirena che si trova in una grotta del Mare del Nord, gli occhi celesti di un giovane pastore figlio dell'appassionato connubio di un uomo con una dea, e infine naturalmente, o forse per prima cosa, la vestizione della principessa nella sala del turrito castello. Ma scelte del genere, egli ne è consapevole, non possono in alcun modo fornire la base per una coerente visione del mondo.

E così guarda a caso, qua e là, e quando racconta parla a vanvera,[19] e confonde il prima e il poi a tal punto[20] che tutto appare fermo, o si muove di un movimento retrogrado come il passo dei gamberi. E di nuovo il dio si domanda che senso abbia questo suo confuso guardare, e di nuovo chiude gli occhi, e li riapre, e nulla è mutato.

Così talvolta, specie nelle mattine d'autunno, finge di non accorgersi dell'angelo dalla bella penna che gli si avvicina discreto con il vassoio d'argento: si nasconde sotto il lenzuolo e torna a sprofondare in un sogno dove tutte le immagini giocano insieme, immemori del prima e del poi, e ogni cosa accade senza perché.

# Notes to the text

## Fausta Cialente, *Marcellina*

1  **Passare di volata:** 'go flying past'.
2  **Quasi volessero gentilmente ovattare:** 'almost as if they wanted to gently cushion'.
3  **È in gran dimestichezza con:** 'she's on very friendly terms with'.
4  **A guardarla meglio:** 'if you look at her more closely'.
5  **Compra e vendita:** 'buying and selling'.
6  **Borsa nera:** 'black market'.
7  **Riusciva sempre a portarseli a casa:** 'she always managed to get them home'.
8  **Di che stoffa era fatta:** 'what she was made of'.
9  **A riprendersela:** 'to take her back again'.
10  **Rimettere in sesto:** 'to put to rights'.
11  **A tracolla:** 'over her shoulder'.
12  **Le tagliavano i panni addosso:** 'tore her to pieces'.
13  **Aveva un bell'aspettare:** 'she would have a long wait!'
14  **Dopo aver dato giù un gran colpo:** 'After slapping down'.
15  **Dove capitava:** 'wherever she happened to be'.
16  **Se la fa adaosso:** 'does it over himself'.
17  **Pigliarsi le botte:** 'to take a beating'.
18  **Che un giorno tocchi pure a noi:** 'that one day it will be our turn'.
19  **Non l'aveva mai dato da intendere a nessuno:** 'she'd never fooled anyone'.
20  **Non sarebbero giunte così presto alla scoperta:** 'they wouldn't have discovered what was going on so soon'.
21  **La passi liscia, tu:** 'you've got away with it'.
22  **Stecca:** carton of 200 cigarettes.
23  **Prenderla in giro:** 'to pull her leg', 'take the mickey out of her'.
24  **Giacché s'era in argomento:** 'while they were on the subject'.
25  **A tua madre non converrebbe comperare da me:** 'wouldn't your mother do better to buy from me'.
26  **Cedettero il passo:** 'gave way'.
27  **A rate settimanali:** 'in weekly instalments'.
28  **Te lo sei fatto alle nostre spalle?:** 'you've got it at our expense'.
29  **Carmen da strapazzo:** 'third-rate Carmen'. (Reference to Bizet's opera).
30  **Dove aveva menato un certo traffico:** 'where she had carried on a certain business'.
31  **Lavorucchiava come impiegato a un distributore di benzina sulla provinciale:** 'worked occasionally at a petrol pump on the main road'.
32  **La forza di contenderlo a Marcellina – che lo teneva in pugno, non c'era da farsi illusioni:** 'the strength to fight Marcellina for him; she had him in the palm of her hand, there was no point in kidding themselves'.
33  **Ci avrebbero messo le mani sul fuoco:** 'they would have sworn to it'.

34 **Non stesse nella pelle:** 'he was beside himself with pleasure'.
35 **Che faccia di bronzo:** 'what a cheek'.


## Natalia Ginzburg, *La madre*

1 **Perché non stessero tanto gonfi:** 'so that it would not stick out so much.
2 **Dovevano girarsi dall'altra:** 'they had to turn the other way'
3 **Saltati in aria:** 'blown up'.
4 **Si facevano dare da Diomira:** 'they got Diomira to give them'.
5 **Ricreatorio:** play area attached to the church or priest's house.
6 **Che si era fatta da sé:** 'which she had made herself'.
7 **Cosa me ne importa:** 'what do I care'.
8 **Da quella cagna pazza che sei:** 'like the mad bitch you are'.
9 **Si volse di scatto:** 'she turned round sharply'.
10 **Saturnina Farandola, Robinson delle praterie**: children's books popular in the 1940s.
11 **Gli serviva il quaderno:** 'he needed the exercise-book'.
12 **Faceva finta di niente:** 'he was pretending not to'.
13 **Da morti si va:** 'when you are dead you go'.
14 **C'entrassero per qualche cosa con la madre:** 'had anything to do with their mother'.


## Anna Maria Ortese, *Un paio di occhiali*

1 **Ce sta' o sole:** a popular Neapolitan dialect song. Images of light and dark and the promise of spring run throughout the story.
2 **Basso:** 'slum'. From the Neapolitan dialect word 'vascio', a windowless ground floor or basement dwelling, often opening directly onto the street.
3 **Lascia fa' a Dio:** 'leave it to God'. Dialect use of 'fa'' rather than 'fare'.
4 **I dolori che tenete:** 'the pains you have'. Dialect use of 'tenere' rather than 'avere', together with Southern use of 'voi' as form of respect.
5 **Volta bassa:** 'low vaulted ceiling'.
6 **Avrebbero preso il velo:** 'they would take the veil', i.e. become nuns.
7 **E scàssali subito, mi raccomando!:** 'break them right away, why don't you!' Ironic.
8 **Essa faceva scontare a tutti i dispiaceri della sua vita:** 'she made everybody else pay for her own unhappy life'.
9 **Ottomila lire vive vive!:** a refrain throughout the story, recalling both Nunzia's reluctant generosity and the family's poverty.
10 **Che pioveva da una tenda:** 'which rained down from an awning'.
11 **Da dare una specie di struggimento:** 'such as to give a feeling of yearning despair'.
12 **Dottò:** 'Dottore'.
13 **Due vetri!:** 'two bits of glass!'.
14 **Nove diottrìe da una parte, e dieci dall'altra:** system of measuring sight.
15 **Vicolo della Cupa a Santa Maria in Portico:** one of the poorest streets in Naples. 'Cupo', meaning 'dark' or 'gloomy', also indicates the conditions in which Eugenia lives.
16 **Mo:** dialect usage for 'ora', 'now'.

17 **Non bisognava badarle:** 'you didn't have to mind her'.
18 **Omaggi:** obsequious form of address to a social superior.
19 **Non vi fate pregare:** 'don't make me ask you twice'.
20 **Metteva in mano una miseria:** 'paid him almost nothing'.
21 **Non vi scaldate:** 'don't get worked up'.
22 **Il mastello ne dava continuamente:** 'the water tub dripped continually'.
23 **Ci stava col naso sopra:** 'she held it right up to her face'.
24 **Americani vestiti di giallo:** the Americans arrived in Naples in 1943 as part of the Allied army, staying on as part of NATO and using Naples as one of the main Mediterranean bases.
25 **Le mie compagne, nessuna tengono le lenti:** 'none of my class-mates have glasses'. Colloquial.
26 **In quella casa ci chiove:** 'the rain gets into that house'. 'chiovere' is used in Naples for 'piovere'.
27 **Io non ci vedo buono':** dialect usage of 'buono' for 'bene'.
28 **Il primo venerdì del mese:** In the Catholic liturgical calendar, attendance at mass on the first Friday of each month confers special indulgences.
29 **Dio ve ne renda merito:** 'may God reward you for it'.
30 **Si fece di fuoco:** 'she turned bright red'.
31 **Progetto-legge:** parliamentary bill.
32 **Cristiani:** common term in the South of Italy for 'people'.


## Elsa Morante, *Il cugino Venanzio*

1 **Una voglia di luna:** 'a moon-shaped birthmark'. There is a play of words here: 'voglia' means 'desire' and also, popularly, 'birthmark'.
2 **Rispuntando in forma rimpicciolita:** 'cropping up again in miniature'.
3 **Tenuta insieme a forza di spilli:** 'held together by dint of safety-pins'.
4 **Sempre era promosso con lo scappellotto:** 'he always scraped through by the skin of his teeth'.
5 **Questi:** i.e. the schoolmaster.
6 **Il più buonissimo:** incorrect: in his enthusiasm for superlatives, Venanzio invents.
7 **Venanzio ne faceva tante:** 'he got into so many scrapes'.
8 **Combinava centinaia di guai:** 'he got up to all sorts of mischief'.
9 **Crespo marocchino:** 'crêpe de chine'.
10 **Non ti venga in mente, cocchino mio, di ritagliarle giro giro:** 'don't get it into your head, my little pet, to cut out round them'.
11 **Svegliatasi di soprassalto:** 'waking with a start'.
12 **Parevano quattro zeppi in croce:** 'they looked like rats' tails'.


## Lalla Romano, *A Cheneil d'autunno*

1 **Primavera per i duemila metri di Cheneil:** the high altitude of Cheneil means cooler weather.
2 **Il Tournalin:** one of the Alpine peaks, along with 'la dent d'Hérens', il Cervino (the Matterhorn), 'il colle di Nana', 'la Grande Muraille', 'la Becca' and Monte Rosa, also mentioned in this story.
3 **Ridotte a un filo:** 'reduced to a trickle'.

4 **La padrona di turno:** 'whose turn it is to run the place'.

5 **Si è un po' appesantita:** 'has put on a bit of weight'.

6 **C'è ancora da portare il fieno:** 'we still have to move the hay'.

7 **Carrel:** the surname of the family.

8 **Ha cura che prendano:** 'makes sure that they take'.

9 **La panca dà sulla piazzetta a prato:** 'the bench looks over the little square of lawn'.

10 **Frazione:** 'tiny hamlet'.

11 **Un trabiccolo con dei pali:** 'a rickety wooden frame with poles'.

12 **Vittorina 'della panna':** i.e. the woman who makes the cream.

13 **Agganciarle man mano a un uncino che scorre su un cavo di** ferro: 'hang them one by one on a hook which runs along an iron cable'.

14 **Cantelinando al modo della valle:** 'with the sing-song voice typical of the valley'.

15 **Avviata precocemente a restare 'vieille fille':** 'who seemed set early on to become an old maid'. This area of Italy, around the Val d'Aosta, is bilingual in Italian and French.

16 **Che sappia:** 'perhaps she knows'.

17 **Quando sosta a valle:** 'when he lingers down in the valley'.

18 **Luigi non si spreca:** 'Luigi does not put himself out'.

19 **Se le avrebbe portato 'di peso':** 'if he would pull them up'.

20 **Il beniamino delle zie:** 'the apple of his aunts' eye'.

21 **Se le si rivolge la parola:** 'if anyone speaks to her'.

22 **Non ha esposto il cannocchiale:** 'has not set up the telescope'.


## Dacia Maraini, *La ragazza con la treccia*

1 **Curva su se stessa:** 'bent over'.

2 **Quel giro di vita da stringere con due mani:** 'that little waist which you could clasp with your two hands'.

3 **Aveva sfilato, in riga per due:** 'she had marched in line, two by two'.

4 **La lingua le si incollava a palato:** 'her tongue got stuck to the roof of her mouth'.

5 **Si rivestiva di tutto punto:** 'he got immaculately dressed again'.

6 **Stando attento che le pieghe combaciassero:** 'being careful to make the folds meet properly'.

7 **Dopobarba al sandalo:** 'sandalwod aftershave'.

8 **Usa le dovute precauzioni:** 'use all the necessary precautions'.

9 **Risalendo i fiumi fino alle foci pur di depositare:** 'going up as far as the river source in order to deposit'.

10 **Il maglione rivoltato:** 'his jumper inside out'.

11 **Quasi avesse intuito:** 'almost as if she had an inkling of'.

12 **Più in là:** 'further over'.

13 **Non mi scappi:** 'you won't get away from me'.

14 **Tutto qui:** 'that was all'.

15 **Vitino:** 'tiny waist'.

16 **Le trucca la memoria:** 'is playing tricks with her memory'.

### Anna Maria Scaramuzzino, *Roba da supermercato*

1 **Il suo campionario fantasmagorico di prodotti:** 'its phantasmagoric range of products.

2 **Nonostante così triti dalla pubblicità da sembrare stucchevoli:** 'even while they have been so worn thin by television adverts as to seem quite sickening'.

3 **Da guando sono in stato interessante:** 'since I have been pregnant'.

4 **Macino chilometri:** 'I eat up the kilometres'.

5 **A confortare il mio fisico e a ricrearmi lo spririto:** 'to console my body and keep up my spirits'.

6 **Sbaciucchiare:** to neck.

7 **Farò il tempo:** 'I'll reach my full term'.

8 **Sanitari:** 'health and hygiene'.

9 **Chi si ritocca il trucco, chi si allaccia le stringhe:** 'some touch up their make-up, others do up their shoe-laces'.

10 **Cerco di avviarmi di corsa:** 'I try to hurry away'.

11 **Due tergamini di acciaio inossidabile:** 'two stainless steel pans'.

12 **Coperchi inox:** 'stainless steel lids'. 'Inox' is here an abbreviated form of 'inossidabili'.

13 **Standa:** one of the biggest chains of supermarkets in Italy.

14 **Non era prevista nei conti:** 'wasn't budgeted for'.

15 **Le gambe mi si allentano:** 'my legs go weak'.

16 **Alle gestanti vengono le voglie:** 'pregnant women get cravings'.

### Francesca Duranti, *L'episodio del Berretto Sportivo*

1 **Roba alla quale non fai neppure caso:** 'things which normally you don't even notice'.

2 **Nonché vincitore nel braccio di ferro psicologico:** 'as well as winner in the psychological battle of wills'.

3 i.e. only 0.0001 per cent of the population read contemporary fiction anyway.

4 **Il mio indice d'ascolto:** 'my listening ratings'.

5 **Essellecì:** S.L.C., the Seminario di Lettura Creativa.

6 **L'ha fatta passare a me:** 'it's taken mine away'.

7 **Dev'essere andato in avaria qualche circuito nella mia testa:** 'some circuit in my head must have gone haywire'.

8 **Come faccio ad andare in onda:** 'how can I go on the air'.

9 **Il compare di un prestigiatore o la spalla di un comico:** 'a magician's assistant or a comedian's stooge'.

10 **Autorini tutti 'écriture':** 'second-rate writers, all style and nothing else'.

11 **Sorbire il calice fino all'ultima riga:** 'drain the cup to the last bitter line'.

12 **Bellettristico:** from 'belles lettres', i.e. all form and no content.

13 A more common expression than 'diavolo custode' is 'angelo custode', meaning 'guardian angel'. Duranti is here indulging in parody.

14 **Una sia pur vaga idea:** 'even the vaguest of ideas'.

15 **Da fornire esca a:** 'to serve as bait for'.

16 Duranti here makes an ironic attack on certain forms of specious criticism. The presenter's comments on the 'negative sense of time', the 'symmetry of internal spaces' and so on are clearly incomprehensible.

17 **Individuandone il boccone succoso su cui piantare i denti:** 'recognising the juicy mouthful he can get his teeth into'.

18 **Ammassi di aria fritta:** 'mountains of hot air'.

19 **Con mia somma meraviglia:** 'to my absolute amazement'.

20 See note 15.

21 **Il più è fatto, conosco i miei polli:** 'the worst is over, I know them like the back of my hand'.

22 **Ronzano in falsetto attorno a un cumulo di nulla:** 'drone in falsetto around a mountain of hot air'.

23 **Gira in tondo:** 'goes round in circles'.

24 **Amaro:** bitter liqueur served after meals.

25 **Una moca da sei:** 'a pot of coffee for six people'.

26 **Ho spulciato con maggiore attenzione:** 'I've gone through with a fine toothcomb'. From 'pulce' (f), meaning 'flea'.

27 **Mobili alla buona:** 'run-of-the-mill furniture.

## Francesca Sanvitale, *Jolly e Poker*

1 **Mazzarò:** Seaside resort in Sicily, near Taormina.

2 **Lo spazio a lui spettante:** 'the space which was his by rights'.

3 **Aveva fatto i suoi bisogni:** 'he had done his business'.

4 **Il rimorso non gli dava tregua:** 'his remorse gave him no peace'.

5 **La faceva nello stesso punto:** 'urinated in the same place'.

6 **La osservò di sottecchi:** 'he looked at her sideways'.

7 **Il caso faceva scempio di lui:** 'fate was playing havoc with him'.

8 **Le loro bravate e i loro danni:** 'what they had been up to and the damage they had caused'.

9 **Cacciatori di frodo:** 'poachers'.

10 **Non ne poteva più di tanti fastidi:** 'couldn't stand the nuisance any more'.

## Sandra Petrignani, *Donne in piscina*

1 **Body nero attillato:** 'tight-fitting black leotard'.

2 **Si siede all'indiana:** 'she sits cross-legged'.

3 **Ne hanno avuto di tempo:** 'they've had plenty of time'.

4 **A stile libero:** 'free style' or 'crawl'.

5 **Che schifo:** 'how disgusting'.

6 **Figurati!:** 'Don't be silly!'

7 **Mica tanto:** 'not that much'.

8 **Non fosse per:** 'were it not for'.

9 **Mi farei il bagno:** common colloquial usage, meaning 'I wouldn't mind a swim'.

10 **Il re rospo, il principe ranocchio:** 'King Toad' and 'The Frog-Prince'.

11 **Chiomadoro:** literally 'Goldenhair'.

12 **Non sanno che toccare involucri:** 'all they can do is touch the wrappings'.

13 **Pianto a dirotto:** 'floods of tears'.

14 **Prova a non dare peso:** 'she tries to pay no heed'.

15 **Non è casuale:** 'it's not by chance'.

16 **Che va diritta alla meta mentre altre linee vagano alla deriva:** 'which aims

straight to the target while other lines drift off'.

17 **Una principessa non può mancare alla parola data:** 'a princess must keep her word'.

18 **Le primitive sembianze:** 'his former appearance'.

### Ginevra Bompiani, *Il ladro*

1 **Quella aranciata:** 'the orange light'.
2 **Non avesse pagato ogni altro avere:** 'if she hadn't paid with everything else she had'.
3 **Via vai:** 'coming and going'.
4 **Appena sporte dalla soglia:** 'her visitors barely stepping over the threshold'.
5 **Aveva succhiato l'osso dell'essere se stessa:** 'had sucked the bone of being herself'. This image of Polia Polka's sterile solitude is picked up later in the story with the fantastic reappearance of the chicken bone.
6 **Di quanto il fatto non richiedesse:** 'than the fact required'.
7 **Non poter prescindere da sé, una persona di così poco conto:** 'not being able to set herself aside, a person of so little account'.
8 **Davano sul porto:** 'looked out over the port'.
9 **Al modo ligure:** 'in the Ligurian fashion'.
10 **Non poteva che non aspettare, aspettando:** 'while waiting, she could not do anything but not wait'.
11 **Da mettere sotto i denti:** 'to eat'.
12 **La apostrofava giocondamente:** 'addressed her cheerfully'.
13 **Riandava tutte le possibilità:** 'she went over all the possibilities'.
14 **Col suo passo corto di botolo:** 'with his short mongrel strides'.
15 **Sull'orlo dell'oblio:** 'on the brink of being forgotten'.
16 **Zitella di casa:** 'old maid of a house'. The empty, deserted, but beautiful house is seen as an extension of Polia Polka herself.
17 **Lasciò che il capogiro si assestasse:** 'she waited for her head to stop spinning'.
18 **Le uscì di rincorsa:** 'came rushing out of her'.
19 **Senza mollare la presa:** 'without letting go his grip'.
20 **Agamenone col corpo di Ifigenia:** according to some versions of Greek legends, Agamemnon sacrificed his own daughter Iphigenia in order to rescue his becalmed fleet.
21 **La giornata aveva preso quel pendìo, e non si riebbe più:** 'the day had taken that turn, and never recovered'.
22 **Con un araldo di suono più basso:** 'heralded by a deeper sound'.
23 **Voleva farsi sentire, non ascoltare:** 'it wanted to make itself heard, not to be listened to'.
24 **Lo sventolò minacciosa sul muso del cane:** 'she waved it threateningly in the dog's face'.
25 **Secchio dell'immondezza:** 'waste bin'.
26 **Quel tanto d'intenzionale:** 'that purposefulness'.
27 **Quella che aveva addormentato tutta la sua vita:** 'the security which had put her whole life to sleep'.
28 **Farsi cogliere così alla sprovvista:** 'let oneself be caught unawares like that'.

### Marina Mizzau, *All'aeroporto*

1  **Neanche pensare:** 'it was not worth considering'.
2  **Ammesso di riconoscerlo:** 'assuming he did recognise him'.
3  **Se non altro per cortesia:** 'out of courtesy if for no other reason'.
4  **Ci sarebbe rimasto ancor peggio:** 'would have felt even worse'.
5  **Pretendere di essere riconosciuto tale:** 'to expect to be recognised as such'.
6  **Che il suo sguardo dica:** 'let his look mean'.
7  **Fare passare ufficialmente in secondo piano:** 'officially  reduce to secondary importance'.
8  **Si sta divertendo un mondo:** 'he is having a great time'. Colloquial.
9  **Fa scorrere lo sguardo:** 'Lets his gaze run over'.
10  **Cosi sfrontato da giocare sugli opposti:** 'so brazen as to play with opposites'.
11  **Si guarda a lato:** 'he gives a sideways glance'.
12  **Non per dover far mostra di non riconoscere:** 'not because he has to make a show of not recognising'.
13  **A questo fine:** 'if this is his aim'.


### Paola Capriolo, *Il dio narrante*

1  **Chi sono:** the story begins by trying to determine a point of view in relating an event, settling on that of a god whose gaze is confused and imperfect.
2  **A meno di non ricorrere a ipotesi indimostrabili:** 'unless I turned for help to unprovable hypotheses'.
3  **Incorrerei nell'inconveniente opposto:** 'I would run right into the opposite problem'.
4  **Che va pian piano dipanando la matassa intricata:** 'who little by little unravels the knotty problem'.
5  **Dallo sguardo appannato:** 'whose gaze is dim, misted over'.
6  **Poniamo:** 'let's say'.
7  **Va da sé:** 'it goes without saying'.
8  The god sees all things simultaneously, and time does not exist for him: certain deductions and conclusions about the course of events (that the knight cannot be present as the lady is being dressed, for example) can only be made from the point of view of mortals.
9  **Il mare seguiti pure:** 'let the sea carry on'.
10  **Una tale ostinazione da far temere che** (+ subj): 'so stubbornly as to make one fear that'.
11  Seeing everything simultaneously, the god is unable to make connections, to trace an event through time, to separate things one from another: these talents are vital to the act of narrating a story.
12  As time does not exist for the god, he cannot say when the savages will be conquered: perhaps it has already happened.
13  **Così su due piedi:** 'on the spur of the moment'.
14  This (almost) omniscient god can never learn or invent anything new, and can only shuffle the pages of the same books.
15  **Si affretta a compiere allarmato ogni possibile scongiuro:** 'alarmed, he hurriedly does whatever he can to prove them wrong'.
16  **Si lascia anche avvincere:** 'he even lets himself become enthralled'.

17 **A quanto gli risulta:** 'as far as he knows'
18 **Questo suo divagare senza meta:** 'this aimless wandering of his'.
19 **Parla a vanvera:** 'he babbles'.
20 **A tal punto che:** 'to such an extent that'.

# Vocabulary

**abbagliare** to dazzle
**abbaiare** to bark
**abbassare** to lower
**abbastanza** (*adv*) quite
**abbattere** to knock down; dishearten
**abbondanza** abundance
**abbordare** to approach
**abbottonare** to button
**abbracciare** to embrace
**abbronzante** (*m*) suntan oil
**abisso** abyss
**abitante** (*m*) inhabitant
**abiti** (*m.pl.*) clothes
**abituato** (*adj*) used, accustomed
**abitudine** (*f*) habit
**accadere** to happen
**accanito** (*adj*) assiduous; relentless
**accanto** (*prep*) next to
**accantonare** to set aside
**accarezzare** to caress
**accasciarsi** to slump; flop
**accecante** (*adj*) blinding
**accendere** to light; switch on
**accendino** lighter
**accennare** to beckon; refer to
**accertare** to check; ascertain
**acciaio** steel
**acciuffare** to seize (by the hair)
**accoglienza** welcome
**accogliere** to welcome
**accomiatarsi** to take one's leave
**acconciare** to arrange; adorn
**accoppiare** to couple; pair off
**accorato** (*adj*) sorrowful
**accordo** agreement; arrangement
**accorgersi** to notice
**accorto** (*adj*) wise; shrewd
**accostarsi** to approach
**accovacciarsi** to crouch
**accucciarsi** to curl up
**accudire** to take care of

**accurato** (*adj*) careful; precise
**acerbo** (*adj*) unripe
**aceto** vinegar
**acino di caffè** coffee bean
**acquaio** kitchen sink
**acquattarsi** to squat; crouch
**acquisto** purchase
**adagiare** to lay down carefully
**addentare** to bite into
**addirittura** (*adv*) really, absolutely
**additare** to point to
**addolorato** sorrowful
**addome** (*m*) abdomen
**addormentarsi** to fall asleep
**addossato** (*adj*) leaning
**addosso** over, on oneself
**aderente** (*adj*) clinging
**adescare** to bait
**adirato** (*adj*) furious
**affacciarsi** to appear
**affamato** (*adj*) hungry
**affannoso** (*adj*) breathless; difficult
**affare** (*m*) business; bargain
**affascinato** (*adj*) fascinated
**affatto** (*adv*) at all
**afferrare** to grasp
**affettare** to slice
**affittare** to rent
**affondare** to sink
**affrettarsi** to hurry
**affrontare** to face; confront
**agganciare** to hook
**agghiacciare** to freeze; make one's
blood run cold
**aggiungere** to add
**aggiustare** to adjust
**aggrappare** to catch hold of
**aggraziato** (*adj*) graceful
**agguato** trap
**agnizione** (*f*) recognition
**ago** needle

agucchiare to ply one's needle
aguzzo (*adj*) sharp
aiutare to help
ala (*pl. ali*) wing
alacre (adj) lively
albeggiare to grow light
albero tree
allacciare to tie up
allampanato (*adj*) emaciated
allargare to widen
allattare to suckle; bottle-feed
allegro (*adj*) cheerful
allenamento training
allentare to slacken; ease off
allevare to raise
alludere to allude
allungare to lengthen
almeno (*adv*) at least
alpeggio mountain summer pasture
alquanto somewhat
alterato (*adj*) changed; falsified
altezza height
altrettanto (*adj., adv.*) as much; as
  many
altrimenti (*adv*) otherwise
(d)'altronde besides
altrove elsewhere
alunno pupil
alzare to raise
amareggiare to embitter
amaro (*adj*) bitter
ambasciata embassy; message
ambiente (*m*) surroundings
amichevole (*adj*) friendly
ammalato (*adj*) sick
amicizia friendship
ammasso mass; heap
ammettere to admit
ammiccare to wink
ammonire to warn
ammorbidire to soften
ammutolirsi to go silent
amoreggiare to flirt
amoroso (*adj*) loving
ampio (*adj*) ample; wide
anagrafe (*f*) registry of births
anatroccolo duckling
ancella maidservant
ancora (*adv*) still; yet

àncora anchor
andatura gait
andito corridor
androne (*m*) porch; passage
angiolotto little angel
angolo corner
angoscia anguish
anima soul
annebbiato foggy; dim
annoiato bored
annuire to nod
ansante (*adj*) out of breath
ansia anxiety
ansimante (*adj*) panting
anta shutter
anticipo advance
antisinghiozzo (*adj*) antihiccup
anzi (*adv*) in fact; on the contrary
anziano (*adj*) elderly
anzitutto (*adv*) first of all
apostrofare to address; reproach
appannato (*adj*) misted over
apparecchiare to prepare; lay
apparecchio device; set
appartarsi to move to one side
appartenere to belong
appena (*adv*) barely; just
appendere to hang
appesantito (*adj*) become heavy
appisolarsi to doze off
appoggiare to lean; support
apposta on purpose
approffitare to take advantage
appuntamento appointment; date
appunto (*adv*) precisely; just
aprire to open
araldo herald
arancio orange tree
aranciata orange juice
arco arch
ardente (*adj*) burning
ardimento daring
argentino (*adj*) silvery
armadio cupboard
armeggiare to fiddle about
arrabbiarsi to get angry
arrampicarsi to climb
arrancare to limp; hobble
arredamento furnishing

144

arrendersi to surrender
arretrare step back
arricciare to curl
arrossire to redden
arrotolare to roll
arruffare to ruffle
ascella armpit
asciugamano towel
asciutto (*adj*) dry; lean
ascoltare to listen
aspettare to wait
aspetto appearance
aspirapolvere (*m*) vacuum cleaner
aspirare to inhale
assaggio taste
assai (*adv*) quite; very
assedio siege
assentire to assent; agree
assenza absence
assestare to arrange; put in order
assieme (*adv*) together
assolato sunny
assomigliare to resemble
assorbente (*m*) sanitary towel
assuefarsi to become accustomed
astenersi to restrain oneself; hold back from
astuccio case
atleta (*m*) athlete
attaccar discorso to strike up conversation
atteggiamento attitude
attempato (*adj*) elderly
attendere to wait for
attento (*adj*) attentive
attenuato (*adj*) mitigated
attesa wait
attestare to attest; be witness to
atto act
attorcigliato (*adj*) twisted
attorno around
attraente (*adj*) attractive
attraversare to cross
attrezzare to equip
attuale (*adj*) current; present
auguri (*m.pl.*) good wishes
aumentare to increase
aureo golden
aureola halo

autocompiacimento self-satisfaction
avana oats
avanzare to be left over
avidamente (adv) avidly
avorio ivory
avvantaggiato (*adj*) favoured
avvedersi to realise; notice
avvenimento event
avvenire to happen
avvenire (*m*) future
avventore (*m*) customer
avverarsi to come true
avvertire to warn; inform
avviare to move forward
avviarsi to set off
avvicinare to approach
avvincere to charm; fascinate
avvisare to warn
avvocato lawyer
avvolgere to wrap
azzardo hazard; risk
azzurro (*adj*) blue
baciare to kiss
bacinella basin
badare (a) to pay attention to
baffi (*m.pl.*) moustache
bagliore (*m*) flash; glare
bagnante (*m*) swimmer
bagnarsi to wet oneself
bagno swim
baia bay
baita mountain hut
balatoio porch
balaustra balustrade
balbettare to stammer
balenare to flash
balia nanny
ballare to dance
baluginìo glimmer; flicker
balzo leap
bambola doll
banchetto banquet
bancone (*m*) counter
bandiera flag
baratro abyss; ditch
barattolo pot; tin
barba beard
barca boat
barcamenare to steer

barcollare to stagger
barella stretcher
bastare to suffice
bastonare to beat; hit
bastoncini (*pl*) sticks
battaglia battle
battere to beat
battipanni (*m*) carpet beater
bavero collar
beatitudine (*f*) bliss
beffa joke
beffardo mocking
bellezza beauty
benché (*conj*) although
benedetto blessed
beniamino pet; darling
benigno (*adj*) benign; kindly
benzina petrol; gas
berciare to shriek
berretto cap
bestia animal
bibliotecario librarian
bicchiere (*m*) glass
bighellonare to wander aimlessly
bigio (*adj*) grey
bilico unstable balance
bimbo child
biondo (*adj*) blond
bisbigliare to whisper
bisnonno great-grandfather
bisogno need
blusa blouse
bocca mouth
boccolo curl
boccone (*m*) mouthful
bollire to boil
bonario (*adj*) kindly
bontà goodness
bordo edge; rim; hem
borsa nera black market
bottegaia shop-keeper
bosco wood
botolo cur
botta blow
braccio arm
brandello shred; scrap
brano piece; extract
breccia breach
briciola crumb

brivido shiver
brodo broth
bronzo (*adj*) bronze
brontolare to grumble
bruciare to burn
brullo (*adj*) bare; barren
brusio hum; buzz
bruttezza ugliness
buco hole; small room
buffo (*adj*) odd; funny
bugiardo liar
bugigattolo closet
buio (*adj*) dark
burrascoso (*adj*) stormy
burro butter
bussare to knock
busta envelope
butterato (*adj*) pock-marked
cacciatore (*adj*) hunter
cadavere (*m*) dead body
cadere to fall
caffelatte (*m*) milk coffee
cagna bitch
cagnolino puppy
calare to fall
calca crowd
calcio kick; football
calice (*m*) goblet
calore (m) heat; warmth
calvo (*adj*) bald
calza stocking
cambiamento change
camera room
cameriero waiter
camicia shirt
camiciola vest; undershirt
camion (*m*) lorry
cammino walk; path
campagna countryside
campanello bell
campicello small field
campionario samples
cancello gate
candido (*adj*) white
cane (*m*) dog
canestro basket
cannocchiale (*m*) telescope
canticchiare to hum
cantilena sing-song tone of voice

146

cantuccio corner
canzone (f) song
capace (adj) able
capezzolo nipple
capitare to turn up; happen
capitolo chapter
capo head
capogiro dizziness
capovolto upside down
cappello hat
cappotto overcoat
capra goat
capriccio whim
caramella sweet
carattere (m) character; personality
carezzare to caress
carico (adj) laden
caritatevole (adj) charitable
carne (f) meat
carnicino flesh-coloured
carriola pram
carrello trolley
carrettiere (m) cart driver
carriera career; profession
carriola wheelbarrow
carro cart, truck
carrozza da morto hearse
carrozzeria bodywork (of car)
cartello notice; poster
cartoccio (paper) bag
cascata waterfall
caseggiato group of houses
casetta cottage
caso, a at random
caso, fare to pay attention
cassa box; coffin
cassetto drawer
cassiera cashier
cassone (m) large communal waste bin
castagna chestnut
castano (adj) chestnut coloured
castigo punishment
casupola shack
catino basin
cauto (adj) cautious
cavalletta grasshopper
cavare to extract
cavolo cabbage
cecato (adj) blind, blinded

cedere to give way
celare to conceal
celebre (adj) famous
celeste (adj) light blue
cellula cell
cencio rag
cenere (m) ash
cenno nod
cera wax
cerchiare to ring; encircle
certezza certainty
cervello mind; brain
cespuglio bush
cessare to cease
cesso toilet
cesto basket
chetarsi to quieten down
chiacchierare to chat
chiarezza clarity
chiassoso (adj) noisy
chiave (f) key
chiazzato (adj) patchy; blotched
chicco grain
chiedere to ask
chinare to lean over
Chiomadoro Goldilocks
chissà who knows
chiudere to close
ciabatta slipper
ciarlare to chat
ciarliero (adj) chatty
ciascuno (adj) each
cicatrice (f) scar
cieco (adj) blind
cielo sky
ciglio (pl.ciglia) eyelash, brow
cigno swan
cigolio creak
ciliegio cherry tree
cima tip; summit
cimice (f) bed bug
cimitero cemetery
cingere to encompass
cinguettare to chirp
cioè that is
ciondolare to dangle
ciononostante nonetheless
ciottolo pebble; cobble
cipolla onion

**cipria** face powder
**circolo** circle
**citare** to quote
**ciuccio** dummy
**ciuffo** tuft (of hair)
**civettuola** flirt
**clamoroso** loud; noisy
**cocchiere** (*m*) coachman
**coccolare** to cuddle
**coda** tail; queue
**coerente** (*adj*) coherent
**coetaneo** (*adj*) contemporary
**cogliere** to pick; grasp
**cognato** brother-in-law
**cognome** (*m*) surname
**colare** to drip; leak
**collana** necklace
**collare** to glue; stick
**colletto** collar
**collo** neck
**colmo** top; peak
**colomba** dove
**colpevole** (*adj*) guilty
**colpire** to strike
**coltello** knife
**combaciare** to meet; fit together
**combattere** to fight
**combinare** to put together; arrange
**commesso** shop-assistant
**commettere** to commit
**commiato** farewell
**commuoversi** to be moved
**comodino** bedside table
**comodità** comfort
**compagno** companion
**compare** (*m*) godfather
**comparto** section
**compassato** formal; deliberate
**compassionevole** (*adj*) pitiful
**compenso** reward; recompense
**compiacente** (*adj*) obliging; courteous
**compiacersi** to take pleasure
**compiere** to carry out; complete
**compito** task; obligation
**compiuto** (*adj*) completed
**compleanno** birthday
**complice** (*m*) accomplice
**comportamento** behaviour
**compreso** (*adj*) including

**compunzione** (*f*) compunction
**comunque** (*adv*) however
**conca** valley; gulf
**conchiglia** shell
**concordare** to reconcile
**condominio** condominium
**confine** (*m*) border
**confondersi** to become confused
**confrontare** to compare
**congestionato** (*adj*) flushed
**congiungere** to join
**coniglio** rabbit
**coniuge** (*m*) spouse
**connubio** marriage
**conoscente** (*m*) acquaintance
**conoscenza** knowledge
**consacrare** to consecrate; dedicate
**consapevole** (*adj*) aware
**consegnare** to deliver
**conserto** (*adj*) intertwined
**consigliare** to advise
**consolante** (*adj*) consoling
**constatare** to state; declare
**constatazione** (*f*) statement
**consueto** (*adj*) customary
**consuetudine** (*f*) habit; custom
**contadino** peasant
**conteggio** reckoning
**contenere** to contain
**contenuto** content
**controllore** (*m*) inspector; controller
**convenire** to be worthwhile; agree
**conversare** to talk
**convincere** to convince
**coperchio** lid
**coperta** blanket
**coppia** couple
**copricapo** head-covering
**coprire** to cover
**corda** rope
**coricarsi** to go to bed; lie down
**coro** chorus
**correre** to run
**corrugare** to knit; frown; wrinkle
**corsa** race
**cortile** (*m*) courtyard
**corto** (*adj*) short
**coscia** thigh
**cospargere** to sprinkle; spread

148

**cospicuo** (*adj*) remarkable; conspicuous
**costeggiare** to border; sail along
**costei** (*pron*) she
**costituivo** (*adj*) constituent
**costringere** to compel
**costui** (*pron*) he
**costume** (*m*) custom; habit
**cravatta** tie
**credenza** sideboard
**credere** to believe
**crepuscolo** twilight
**crescere** to grow
**crespo** (*adj*) frizzy
**criterio** criterion
**crocchia** bun; chignon
**croce** (*f*) cross
**crollare** to collapse; give way
**cruciverba** crossword
**cuccia** dog's bed
**cucciolo** puppy
**cucinare** to cook
**cucire** to sew
**cuculo** cuckoo
**cullare** to cradle
**cumulo** heap; pile
**cuocere** to cook
**cuoio** leather
**cuore** (*m*) heart
**cupo** (*adj*) dark; gloomy
**curare** to look after, see to
**curvo** (*adj*) bent over
**cuscino** cushion; pillow
**custode** (*m*) guard
**dama** lady
**danneggiare** to damage
**danno** damage
**danzante** (*adj*) dancing
**dappertutto** (*adj*) everywhere
**dapprima** (*adv*) at first
**dapprincipio** (*adv*) at the beginning
**davvero** (*adv*) really
**dea** goddess
**debito** (*adj*) due
**debolezza** weakness
**debuttare** to make one's debut
**decifrare** to decipher
**declivio** slope
**decomporre** to decompose
**definitivamente** (*adv*) finally; once and

for all
**deforme** (*adj*) deformed
**delitto** crime
**deluso** (*adj*) disappointed
**demenziale** (*adj*) foolish; insane
**denaro** money
**dentiera** false teeth
**denunciare** to denounce
**deridere** to deride; scorn
**derisorio** derisory
**detersivo** detergent
**deturpare** to disfigure
**dibattito** debate
**diffondere** to spread
**dilagare** to spread; overflow
**dimagrire** to lose weight
**dimenticare** to forget
**dinanzi** (*prep*) before
**dipartirsi** to branch off
**dipingere** to paint
**dirigere** to direct
**dirottamente, piangere** shed floods of
tears
**discesa** descent
**discorrere** to converse
**discosto** (*adj*) distant
**disegnare** to draw
**disfatto** (*adj*) worn-out
**disgrazia** misfortune
**disordinato** (*adj*) untidy
**dispensa** pantry
**dispetto** spite; vexation
**dispettoso** (*adj*) spiteful
**dispiacere** (*m*) regret; worry
**disposto** (*adj*) willing
**disprezzo** scorn; contempt
**dissertare** to hold forth
**dissimulare** to conceal; pretend
**distendersi** to stretch out
**distesa** expanse
**disteso** (*adj*) stretched out, relaxed
**distinguere** to distinguish
**distrarre** to distract; divert
**disubbidire** to disobey
**dito** (*pl.dita*) finger
**ditta** firm
**divagare** to wander, stray
**diverso** (*adj*) different
**divertimento** fun; entertainment

divisa uniform
divorare to devour
doccia shower
dolcezza sweetness
dolersi to regret; be distressed
dolore (*m*) grief; pain
domandare to ask
domare to tame
dondolare to rock
dondolo rocking chair
dono gift
dopobarba (*m*) aftershave
doppio double
dorato (*adj*) golden; gold-rimmed
dote (*f*) dowry; gift
doveroso (*adj*) right; proper
dritto (*adj*) straight
dubbio doubt
dubitare to doubt
dunque (*conj*) so; therefore
durante (*prep*) during
ebbene (*conj*) well (then)
ebete (*adj*) obtuse
eco echo
efficace (*adj*) effective
effimero (*adj*) ephemeral
elargire to hand out freely
emanare to emanate
emittente broadcasting station
entità entity
entrambi both
eppoi (*conj*) then
equivoco error
erba grass
erigere to erect; raise
esalare to exhale; give off
esaurimento exhaustion
esca bait
eseguire to carry out
esempio example
esercitare to exercise; practise
esercito army
esibire to exhibit; show
esigente (*adj*) demanding
esile (*adj*) slender
esortare to exhort; encourage
espandere to expand; extend
esporre to show; exhibit
esprimere to express

essere (*m*) being
estasi (*f*) ecstacy
estate (*f*) summer
estendere to extend
estenuato (*adj*) exhausted
esterno (*adj*) external
estetica aesthetics
estivo (*adj*) summer
estraneità strangeness; otherness
estraneo stranger
estrarre to extract
età age
evadere to escape; evade
evenienza eventuality
eventuale (*adj*) eventual; possible
eventualità eventuality
evitare to avoid
fabbrica factory
faccia face
facile (*adj*) easy
fagiolo bean
fagotto bundle
falciatura mowing
falco hawk
fama reputation; fame
fame (*f*) hunger
fanciulla young girl
fango mud
fantasia imagination
fantasma (*m*) ghost
farina flour
faro lighthouse
fasciare to bandage; wrap
fascina faggots; sticks
fascino charm
fastidio annoyance
fatica effort
faticatore (*m*) hard worker
faticosamente (*adv*) laboriously
favola fairytale
favore (*m*) favour
fazzoletto handkerchief
febbrile (*adj*) feverish
fedele (*adj*) faithful
fegato liver
felice (*adj*) happy
femmina female
fenditura crack; chink
ferie (*f.pl.*) holidays

ferire to wound
ferita injury
fermare to stop
feroce (*adj*) ferocious
ferri (*m.pl.*) knitting needles
ferro iron
ferroviere (*m*) railway worker
fesso (*adj*) cracked; stupid
fessura crack
festicciola small party
festoni (*m.pl*) decorations
fiaba fable
fiacchezza weariness
fiamma flame
fiammeggiante (*adj*) flaming
fianco side
fiato breath
fidanzato fiancé
fidare to entrust
fiducia trust
fieno hay
fiero (*adj*) proud
fievole (*adj*) feeble; faint
figurarsi to imagine; suppose
fila row; line
filare to spin
filare (via) to clear off
filo thread
filobus (*m*) trolley bus
finanza police force responsible for
            financial crime
finché (*conj*) until; as long as
fine (*f*) end; conclusion
fine (*adj*) fine; refined
finestrino small window
fingere to pretend
finto (*adj*) fake
fiocco bow; flake
fioritura flowering
firmare to sign
fischiettare whistle
fissare to stare
fisso (*adj*) fixed
fitta stab
fiume (*m*) river
fiumiciattolo small stream
flacone (*adj*) medicine bottle
flauto flute
flemma phlegm

fluire to flow
foce (*f*) mouth; outlet
foderato (*adj*) lined
foggia shape; style
foglia leaf
foglio sheet (of paper)
folla crowd
follia madness
folto (*adj*) thick
fondo end; bottom
fonte (*f*) spring; source
forare to pierce
forbici (*m.pl.*) scissors
forchetta fork
forcina hairgrip
forestiero stranger
formaggio cheese
formica ant
fornello stove
fornire to furnish; supply
forno oven
forte (*adj*) strong
foruncolo pimple; boil
fossetta dimple
foulard (*m*) headscarf
fracasso din; uproar
frammento fragment
francobollo stamp
frase (*f*) sentence
frazione hamlet
frenare brake
fretta hurry; haste
frettoloso (*adj*) hurried; hasty
fritto (*adj*) fried
frodo smuggling
fronte (*f*) forehead
frugare to search; rummage
fruscio rustling
frusta whip
fuga flight
fugace (*adj*) fleeting
fuggire to flee
fulmine (*m*) lightning
fulmineo (*adj*) rapid
fumare to smoke
fumoso (*adj*) vague
funebre (*adj*) mournful
funestare to ruin; spoil
fungo mushroom

151

fuoco fire
fuori (prep) outside
furbo cunning
furente (adj) furious
furtivo (adj) furtive
furto theft
gabbia cage
gabbiano seagull
gagliardo (adj) vigorous
galantuomo gentleman
gallina hen
gallo cock
galoppare to gallop
gamba leg
gambero lobster
gara contest
garantire to guarantee
garbare to please; suit
garbo grace; courtesy
gatto cat
gelone (m) chillblain
gelosia blind
gemello twin
gemere to groan
genere (m) kind; type
gente (f) people
gentilezza kindness
gerarchia hierarchy
germogliare to germinate; sprout
gestante (f) pregnant woman
gesto gesture
gettare to throw
ghiacciaio glacier
ghiaccio ice
ghignare to sneer
ghiotto (adj) greedy; appetising
già (adv) already
giacca jacket
giacché (conj) since
giacere to lie down
giardino garden
gigante (adj) huge
giglio lily
gilé (m) waistcoat
ginocchio (pl. ginocchia) knee
giocare to play
giocattolo toy
giocondamente (adv) cheerfully
gioelleria jeweller's shop

giornale (m) newspaper
giovanotto young man
gioventù youth
giovinezza youth
giraffa boom
girare to turn; go around
gita trip; excursion
giù (adv) down
giubilare to rejoice
giudice (m) judge
giudizio judgement
giugno June
giungere to reach
giuntura joint
giustificare to justify
goccia drop
godere to enjoy
goffo (adj) clumsy
gola throat
golosità greed
gomito elbow
gomma rubber
gonfio (adj) swollen
gonna skirt
gorgogliante (adj) bubbling; gurgling
gota cheek
gradevole (adj) pleasant
gradino step
gradito (adj) welcome; appreciated
grappa eau-de-vie; an alcoholic spirit
grasso (adj) fat
grattarsi to scratch
gravare to weigh heavily
gravidanza pregnancy
grembiule (m) apron
grembo lap
grido cry
grifagno (adj) hawk-like
grigio (adj) grey
grosso large; thick
groviglio muddle
guadagnare to earn
guaio misfortune
guaire to whine; howl
guancia cheek
guanciale (m) pillow
guanto glove
guarire to heal; cure
guastare to spoil; mar

**guerra** war
**guizzare** to dart
**ibrido** (*adj*) hybrid
**Iddio** God
**ignorare** to ignore; not know
**illividirsi** to become livid
**imbalsamare** to embalm
**imbambolato** (*adj*) astounded; bewildered
**imbarazzo** embarrassment
**imbattersi (in)** to come across
**imbottire** to stuff; pad
**imbrogliare** to cheat; swindle
**imbronciato** (*adj*) sulky; frowning
**imbruttire** to make ugly; mar
**imbuto** funnel
**immemore** (*adj*) forgetful
**immergere** to immerse
**immischiarsi** to get involved
**immondezza** filth; dirt
**immondizia** filth; rubbish
**imparare** to learn
**impaurirsi** to become frightened
**impazzire** to go mad
**impegno** commitment; obligation
**impiegato** (*adj*) employed
**impietrito** (*adj*) turned to stone
**impolverato** (*adj*) covered in dust
**imporre** to impose
**importare** to matter
**impotenza** impotence
**imprevisto** (*adj*) unforeseen
**improvviso** (*adj*) sudden
**impudico** (*adj*) shameless
**impugnare** to grip
**inadempienza** non-fulfilment; default
**inanimato** (*adj*) lifeless
**inarcare** to bend; arch
**inavvertitamente** (*adv*) unintentionally
**incamminare** to start off
**incantarsi** to be enchanted; spellbound
**incantesimo** spell
**incanto** enchantment
**incappare** to stumble; bump into
**incarico** task
**incastrare** to wedge; jam
**incedere** to advance
**incendio** fire
**incerto** uncertain

**incessante** (*adj*) endless
**inchiodare** to nail
**inciampare** to trip over
**incipriare** to powder
**incitare** to incite
**inclinato** (*adj*) sloping
**incollare** to stick
**incombere** to be imminent; loom
**incombenza** duty; responsibility
**inconsapevole** (*adj*) unaware
**incontrare** to meet
**incontro** meeting
**inconveniente** (*m*) difficulty; inconvenience
**incorrere** to incur
**incoscienza** unconsciousness; irresponsibility
**incredulo** (*adj*) disbelieving
**incrociare** to cross
**incubo** nightmare
**incurante** (*adj*) indifferent; heedless
**incuriosito** (*adj*) curious
**indaffarato** (*adj*) busy
**indagare** to investigate
**indagine** (*f*) investigation
**indice** (*m*) forefinger; sign
**indietro** (*adv*) backwards
**indimostrabile** (*adj*) impossible to prove
**indirizzare** to direct; turn
**indispettire** to annoy
**individuare** to recognise
**indizio** sign; evidence
**indole** (*f*) character
**indolente** (*adj*) lazy
**indomani** (*adv*) the next day
**indossare** to wear
**indovinare** to guess
**indurre** to induce
**inebetito** (*adj*) stunned; dazed
**inerme** (*adj*) helpless; harmless
**inetto** (*adj*) incapable; inept
**infagottare** to bundle up
**infastidire** to irritate
**infatti** (*conj*) in fact
**infermiera** nurse
**inferriata** iron rails
**infido** (*adj*) untrustworthy

infilare  to thread
infilarsi  to put on; slip into
infine (*adv*)  finally
infisso  fitting; fixture
informe (*adj*)  shapeless
infossato (adj)  hollow
ingannare  to deceive
ingentilire  to refine; polish
ingenuo (*adj*)  ingenuous
inginocchiare  to kneel
inghiottire  to swallow
inglobare  to encompass
ingoiare  to swallow; gulp
ingombro (*adj*)  cluttered; encumbered
ingresso  entrance
iniziare  to begin
innamorarsi  to fall in love
innanzitutto (*conj*)  first of all
inoltre (*conj*)  besides; what's more
inondare  to flood
inossidabile (*adj*)  stainless; rust-proof
inquadrare  to frame; set against
    background
inquietante (*adj*)  disturbing
inquilino  tenant
insaponare  to soap
insediarsi  to instal onself; take over
inseguire  to follow
insensatezza  senselessness
insinuare  to insert; slip in
insolito (*adj*)  unusual
insonnolito (*adj*)  sleepy
insospettato (*adj*)  unsuspected
insperato (*adj*)  unexpected; unhoped
    for
instancabile (*adj*)  tireless
instupidire  to make stupid; dull
intanto (*adv*)  in the meanwhile
intarsiato (*adj*)  inlaid
intendere  to intend; mean
intento (*adj*)  intent; absorbed
intento (*m*)  intention
intero (*adj*)  entire
interpellare  to consult
interstizio  narrow space; crack
intesa  understanding; agreement
intimidatorio (*adj*)  threatening
intoppare  to stumble
intravedere  to glimpse

intrecciare  to weave
intuire  to sense; know by intuition
intuito  intuition
inutile (*adj*)  useless
invadere  to invade
invano  in vain
invece (*adv*)  instead
inverosimile (*adj*)  improbable; unlikely
inverno  winter
invertire  to invert; reverse
inviare  to send
invidia  envy
inviperito (*adj*)  enraged
involtare  to wrap up
involucro  cover; wrapping
involutamente (*adv*)  unwittingly
ipocrito  hypocrite
ipotesi (*f*)  hypothesis
irato (*adj*)  angry
irreparabile (*adj*)  beyond repair
irresoluto (*adj*)  undecided
irrilevante (*adj*)  insignificant
irruenza  rush; vehemence
isolato (*m*)  section apart
issare  to hoist; heave up
istoriato (*adj*)  decorated
laccio  shoelace
lacuna  gap; hole
labbra (*f.pl.*)  lips
laccio  lace
lacrima  tear
lacuna  gap
lacunoso (*adj*)  full of gaps
ladro  thief
laggiù (*adv*)  down there
lagna  whining
lagnarsi  to moan
lago  lake
lagrima  tear
lama  blade
lambire  to lap
lamentarsi  to complain
lampada  lamp
lampadario  chandelier
lampone (*m*)  raspberry
lana  wool
lanciare  to throw
languore (*m*)  faintness; weakness
largo (*adj*)  wide

lasciare to leave
lascivo (*adj*) lustful
lassù (*adv*) up there
lastra slab
latrato bark
latte (*m*) milk
lavandino sink
lavare to wash
lavorare to work
lavatoio wash-house
lebbroso leper
leccare to lick
lecito (*adj*) permitted; licit
lega league
legame (*m*) tie; relationship
legare to tie
leggere to read
leggerezza lightness; flirtatiousness
leggero (*adj*) light
legnoso (*adj*) wooden
lembo end; strip
lente (*f*) lens
lenzuolo (*pl.*lenzuola) sheet
leone (*m*) lion
leprotto baby hare
lessare to boil
letterato man of letters
lesto (*adj*) swift; nimble
letto bed
lettore (*adj*) reader
lettura reading
levare to raise
lì (*adv*) there
libretto small book
liceo secondary school
lieve (*adj*) light; slight
ligure (*adj*) Ligurian
limpidezza clearness
lineamenti (*m.pl.*) features
lingua tongue
liscio (*adj*) smooth
lite (*f*) fight; quarrel
litigare to fight
livrea livery
locale (*m*) room; café
locanda inn
logoro (*adj*) worn out
lontananza distance
losanga losenge; diamond

lottare to struggle
luccicare to sparkle; glitter
luce (*f*) light
lucertola lizard
lucido (*adj*) shiny; lucid
luglio July
lugubre (*adj*) dismal; gloomy
lume (*m*) light; lamp
lumino small oil-lamp
luna moon
lungimirante (adj) far-sighted
luogo place
lupo wolf
lusingare to flatter
lusso luxury
lustrare to polish; shine
lutto mourning
macchiare to stain
macchiato stained
macchina car
macchinista (*m*) driver; engineer
macellaio butcher
macinare to grind
macinino grinder
maciullare to mangle
macilento (*adj*) emaciated
maestà majesty
magari perhaps; if only
maggio May
maggiore (*adj*) greater
maglia vest; jersey
maglione (*m*) jumper
magro thin
malato (*adj*) ill
malaticcio (*adj*) sickly
malattia sickness
maldestramente (*adv*) clumsily
maledetto (*adj*) cursed; damned
malessere (*m*) discomfort; uneasiness
malgrado (*prep*) in spite of
malia spell
malizioso (*adj*) mischievous
malsano (*adj*) unhealthy
malsicuro (*adj*) unsure
mammella breast
mancare to be lacking
mandare to send
mandria herd; flock
mangiare to eat

**manica** sleeve
**manico** handle
**manicotto** muff
**maniera** manner
**manina** little hand
**mansueto** (*adj*) mild; gentle
**mantenere** to maintain
**manubrio** handlebars
**marca** brand; make
**marchesa** marchioness
**marciapiede** (*m*) pavement
**marcire** to rot; go bad
**mare** (*m*) sea
**maresciallo** marshal
**marinaio** sailor
**maritare** to marry
**marmellata** jam
**marmo** marble
**marocchino** (*adj*) Moroccan
**marrone** (*adj*) brown
**marsala** sweet Sicilian liqueur
**mascherare** to mask
**maschio** male
**massaia** housewife
**massiccio** solid
**materasso** mattress
**materia** matter; subject
**mattone** (*m*) tile; brick
**medaglione** (*m*) medallion
**meglio** (*adv*) better
**mela** apple
**melanzana** aubergine
**melo** apple tree
**membro** (*pl.* membra) limb
**menare** to lead; hit
**meno** (*adv*) less
**mente** (*f*) mind
**mentire** to lie
**mento** chin
**menzionare** to mention
**meravigliarsi** to be amazed
**merce** (*f*) goods
**merenda** tea, snack
**meridione** (*m*) South
**meritare** to deserve
**meritevole** (*adj*) worthy
**merletto** lace
**merluzzo** cod
**meschino** (*adj*) wretched

**mese** (*m*) month
**messa** Mass
**mestiere** (*m*) trade; job
**meta** goal
**metà** half
**mettere** to put
**mezzogiorno** noon; south
**migliaio** (*pl.*migliaia) thousand
**minacciare** to threaten
**minuscolo** minute
**minuziosamente** (*adv*) meticulously
**miopia** short-sightedness
**mirtillo** blackberry
**miserabile** (*adj*) wretched
**miseria** wretchedness
**mistero** mystery
**misurare** to measure
**mobili** (*m.pl.*) furniture
**modificare** to modify
**modo** way; manner
**mogano** mahogany
**moglie** (*f*) wife
**molesto** (*adj*) troublesome; annoying
**mollare** to let go; release
**molle** (*adj*) soft; slack
**molteplice** (*adj*) multiple
**momentaneo** (*adj*) momentary
**monaca** nun
**moneta** coin
**montagna** mountain
**montanaro** mountain dweller
**montarsi** to get big-headed
**morbido** (*adj*) soft
**morboso** (*adj*) morbid
**mordere** to bite
**morente** (*adj*) dying
**moribondo** (*adj*) dying
**morire** to die
**mormorare** to murmur
**morto** (*adj*) dead
**mossa** movement
**mostra** show; display
**mostrare** to show
**mostro** monster
**motoscafo** motorboat
**mozzo** stub
**mozzo** (*adj*) cut off; mutilated
**mucchio** heap; pile
**mugolare** to whimper; whine

156

**mulattiera** mule track
**mulattiere** (*m*) mule driver
**mura** (*f.pl.*) walls
**muretto** low wall
**muscolo** muscle
**muso** face of an animal
**mutamento** change
**mutande** (*f.pl.*) underpants
**mutare** to change alter
**nano** dwarf
**narice** (*f*) nostril
**narrante** (*adj*) narrating
**narratore** (*m*) narrator
**nascere** to be born
**nascita** birth
**nascondere** to hide
**nascondiglio** hiding-place
**nascosto** (*adj*) hidden
**naso** nose
**nastro** ribbon
**natica** buttock
**nave** (*f*) ship
**neanche** (*adv*) not even
**nebbia** fog
**nebulare** (*adj*) nebular
**negare** to deny
**negozio** shop
**negro** black
**nemico** enemy
**nemmeno** (*adv*) not even
**neppure** (*adv*) not even
**nero** (*adj*) black
**nesso** connection; link
**netto** (*adj*) clear; sharp
**nevaio** snow-field
**neve** (*f*) snow
**nido** nest
**nipote** nephew; grandchild
**nitido** (*adj*) clear
**nocciola** hazlenut
**nocciolina** peanut
**noce** (*m*) walnut
**nodo** knot
**noia** boredom; nuisance
**nonché** (*conj*) as well as
**noncurante** (*adj*) careless; heedless
**nonno** grandfather
**nonostante** (*prep*) in spite of
**notevole** (*adj*) remarkable

**notizia** news
**nottata** night
**notturno** (*adj*) nocturnal
**novero** group; circle
**novità** news; novelty
**nozze** (*f.pl.*) wedding
**nube** (*f*) cloud
**nuotare** to swim
**nutrire** to nourish
**nuvola** cloud
**obbedire** to obey
**obbligato** (*adj*) obliged
**oblio** oblivion; forgetfulness
**oca** goose
**occhialaio** optician
**occhiali** (*m.pl.*) glasses
**occhiata** glance
**occhieggiare** to ogle
**occhio** eye
**odiare** to hate
**odio** hatred
**odore** (*m*) smell; odour
**offerta** offer; offering
**offesa** offence
**officina** garage; workshop
**offuscare** to darken; dim
**oggi** today
**ogni** (*adj*) each
**ognuno** (*pron*) everyone
**oleandro** oleander
**olezzare** to smell fragrant
**oltre** (*prep*) beyond
**omaggio** gift
**ombra** shade
**onda** wave
**ondeggiare** to wave; sway
**ondulato** (*adj*) wavy
**onniscienza** omniscience
**onnivoro** (*adj*) omnivorous
**onore** (*m*) honour
**onta** shame
**opaco** (*adj*) opaque
**operaio** worker
**opposto** (*adj*) opposite
**opprimere** to oppress
**oppure** (*conj*) or else
**ordine** (*m*) order
**orecchio** ear
**orfano** orphan

orgoglio pride
orientamento orientation
oriente (*m*) east
orina urine
orlo hem; brink
ormai by now
oro gold
orologio watch; clock
orto orchard
osare to dare
oscillare to oscillate; waver
ospite (*m*) guest
ossicino little bone
osso (*pl.* ossa) bone
ostinazione (*f*) stubbornness
ostinarsi to persist
ottone (*m*) brass
ovattare to pad; wad
ovvio (*adj*) obvious
ozio leisure
pacato (*adj*) calm
pacco packet
pace (*f*) peace
padella frying pan
padrone (*m*) boss
paesano villager; rustic
paese (*m*) town; country
paglia straw
palato palate
palesemente (*adv*) obviously
palla ball
pallone (*m*) ball
pallottola bullet
paltò overcoat
palude (*f*) swamp; bog
panca bench
panchetto stool
pancia stomach
pane (*m*) bread
paniera basket; hamper
panino roll
panna cream
panni (*m.pl.*) clothes
pannolino nappy
pantaloni (*m.pl.*) trousers
papavero poppy
paradossale (*adj*) paradoxical
paralume lampshade
parcheggiare to park

parecchio (*adj*) several
parente (*m*) relative
parere to seem
parete (*f*) wall
partita game; match
partito party
partorire to give birth
pascolare to graze
pascolo pasture
passaggero passenger; passing
passeggiare to stroll
passero sparrow
passo step
pasto meal
pastore (*m*) shepherd
patata potato
patire to suffer
patto, a (*conj*) providing
paura fear
pauroso fearful
paventato (*adj*) ostentatious
pavimento floor; ground
pazientare to be patient
pazzia madness
pazzo (*adj*) crazy
peccato shame; sin
pedana dais
peggiorare to worsen
pelo hair
pelle (*f*) skin
pelliccia fur coat
peloso hairy
pena suffering; pain
pendice (*f*) slope
pendio slope
penna feather
pennacchio plume
pennello paintbrush
penombra semi-darkness
penoso (*adj*) painful
pensiero thought; worry
pensieroso thoughtful
pentire to repent
pentola pot
pentolino saucepan
penuria poverty; shortage
penzolare to dangle
pera pear
percepire to perceive

**perciò** therefore
**percorrere** to go through
**percossa** blow
**perentorio** peremptory; brusque
**perfino** (*adj*) even
**perforato** (*adj*) perforated; pierced
**pericolo** danger
**periferia** suburbs
**permettere** to allow
**perseguitare** to pursue
**persiana** shutter
**persino** (*adv*) even
**personaggio** personage; character
**pesante** (*adj*) heavy
**pescare** to fish
**pesce** (*m*) fish
**pesciolino** small fish
**peso** weight
**pesto** (*adj*) dark-rimmed
**pettinare** to comb
**pettinatura** hairstyle
**petto** breast
**pezzo** piece
**piacevole** (*adj*) pleasant
**piaga** sore
**piangere** to cry
**piantare** to abandon someone
**pianto** weeping
**piastrella** paving stone
**piatto** plate
**picchiare** to hit; beat
**picchiettare** to tap; drum
**piccione** (*m*) pigeon
**piede** (*m*) foot
**piega** fold
**piegare** to fold
**pieno** (*adj*) full
**pietoso** (*adj*) pitiable; compassionate
**pietra** stone
**pigliare** to take; get
**pignoleria** fastidiousness
**pigro** (*adj*) lazy
**pino** pine
**pinzette** (*f.pl.*) tweezers
**piombare** to fall headlong
**piovere** to rain
**piroscafo** steamship
**piscina** swimming pool
**piselli** (*m.pl.*) peas

**pittura** painting
**piuma** feather
**piumaggio** plumage
**piumino** quilt
**pizzo** lace
**poggiare** to bear up; shelter
**poiché** (*conj*) since
**polena** figurehead
**pollaio** hen house
**pollo** chicken
**polso** wrist
**poltrona** armchair
**pomo** pommel; knob
**ponce** (*m*) punch
**porgere** to offer
**portantino** stretcher bearer
**portapenne** (*m*) penholder
**portare** to take; carry
**portata** reach
**portiere** (*m*) doorman
**portinaio** janitor
**portone** (*m*) main door
**posare** to put; place
**possesso** possession
**postino** postman
**postumo** (*adj*) posthumous
**potente** (*adj*) powerful
**potere** to be able
**pozza** puddle
**pozzo** well
**pranzare** to dine
**prateria** meadow-lands
**prato** meadow
**precarietà** precariousness
**precipitarsi** to rush
**precoce** (*adj*) precocious
**prediligere** to prefer
**predizione** (*f*) prediction
**pregare** to pray; implore
**pregiato** (*adj*) valued
**premere** to press
**prenotare** to book
**preoccupato** (*adj*) worried
**presa** catch; hold
**prescindere** to leave out of consideration
**presedere** to chair
**presentire** to have a foreboding
**prestigiatore** (*m*) conjurer

159

presto (*adv*) soon; early
prete (*adj*) priest
pretendente (*m*) suitor
pretendere to claim
pretesto pretext
preveggenza foresight
prezzo price
prigione (*f*) prison
prigioniero prisoner
primavera spring
principe (*m*) prince
principio principle
privo (*adj*) without
procedere to proceed
procurare to obtain; cause
prodezza feat
prodigio marvel; wonder
profumato (*adj*) perfumed
proibire to forbid
proiettile (*m*) projectile; missile
prolungare to lengthen
promettere to promise
pronto (*adj*) ready
proporre to propose; suggest
proposito resolution; purpose
proprietà property
proprio (*adj*) one's own; characteristic
prosciogliere to clear
proseguire to proceed
prospettiva perspective
protrarsi to last; go on
provare to try; attempt
provvedere to provide
provenire to come from
prugno plum tree
pubblicità advert; advertising
pudore (*m*) modesty; shame
puerpera woman who has recently
given birth
pugno fist
pulire to clean
pulsare to pulsate
punire to punish
puntare to point; direct
punzecchiatura pricking
puzzare to stink
quaderno notebook
quadrato (*adj*) square
quaglia quail

qualsiasi (*adj*) any; whatever
quartiere (*m*) district
quarto (*adj*) fourth
quasi (*adv*) almost
questura police headquarters
quetarsi to calm down
quindicenne (*m/f*) fifteen year old
quinto (*adj*) fifth
quotidiano (*adj*) daily
rabbia anger; rabies
raccapriccio horror, dread
raccattare to pick up; scrape together
racchiudere to enclose
raccogliere to pick; collect
raccomandare to recommend
raccontare to tell; recount
rachitico (*adj*) stunted
radice (*f*) root
rado (*adj*) thin; sparse
radura clearing
raffazzonare to do up
raggio ray
raggiungere to reach; join
ragnatela spider's web
rallegrarsi to cheer up
rallentare to slow down
rammendare to mend
randagio (*adj*) stray
rango rank
rannicchiarsi to curl up
ranocchio frog
rapina theft
rapimento kidnapping; abduction
rapito (*adj*) entranced
rasare to mow; cut
raschiare to rasp, scrape
raspare to scratch
rassegnarsi to resign oneself
rastrellare to rake; round up suspects
rattrappire to contract
rauco (*adj*) hoarse
razza race
recare to bring; bear
recidere to cut
recinto compound
reclamare to claim; complain
reggere to hold; support
rendersi conto to realise
rendita private income

reparto department
replicare to answer; object
reprimere to repress
requisire to requisition; take away
respingere to push back; dismiss
respirare to breathe
ressa crowd; throng
restituire to give back
resto change
rete (*f*) network; shopping bag
rettile (*m*) reptile
rianimarsi to come to; come to life
riattaccare to begin again
ribattere to rebut; answer back
ribrezzo disgust; loathing
ricamare to embroider
ricavare to extract
ricciolo curl
ricciuto (*adj*) curly
ricevere to receive
ricevuta receipt
richiedere to require
richiesta request
ricomparire to reappear
riconoscere to recognise; acknowledge
ricordare to remember
ricordo memory
ricorrere (*a*) to have recourse to
ricreare to recreate; cheer up
ridacchiare to giggle
ridda turmoil
ridere to laugh
ridotto (*adj*) reduced; in a bad way
ridurre to reduce
riempire to fill
rientro return
rifinire to put the finishing touches to
rifiutare to refuse
rifiuto refusal; rubbish
riflesso reflection
rifornire to supply; provide
rifugio refuge; shelter
riga line
rigato (*adj*) lined; streaked
rigonfio (*adj*) swollen
rigore (*m*) rigour; severity
riguadagnare to regain
rilassare to relax
rimandare to put off; postpone

rimanere to remain; stay
rimorso remorse
rimpicciolito (*adj*) diminished; shrunk
rimprovero scolding; telling-off
rincorsa run; chase
rinfrescarsi to refresh oneself
ringhiera railing
ringraziare to thank
rintracciare to trace
rinunciare to renounce
riordinare to tidy up
riparo shelter; protection
ripassare to recross; look over again
ripido (*adj*) steep
ripigliare to take back
riposarsi to rest
risalire to climb up
risata laugh
rischiarare to clear; lighten
rischiare to risk
riscuotere to draw; shake
riservato private
riso rice
risolversi to resolve
risparmiare to save; spare
risposta answer
rispuntare to reappear
ristorare to restore; refresh
risveglio awakening
ritardo delay
ritagliare to cut out
ritirare to pull back
ritirata retreat
ritmo rhythm
rito rite; ceremony
ritoccare to touch up; freshen
ritratto portrait
ritto (*adj*) upright
riuscire to succeed
rivedere to see again; review
rivelare to reveal
rivestire to cover; take on
rivolgersi (*a*) to turn to
rivolta revolt
roba things; possessions
robinia acacia
roccia rock
romanzo novel
rompere to break

rondone (*m*) swift
ronfare to snore
ronzare to hum; buzz
ronzio humming; buzzing
rosato (*adj*) pink; rosy
roseo (*adj*) pink; rosy
rosicchiare to nibble
rospo toad
rosticceria rotisserie; delicatessen
rotaia track
rotolare to roll; turn over
rotondo (*adj*) round
rovesciare to spill; vomit
rovina ruin
rubare to steal
rubrica column (in newspaper)
rudimentale (*adj*) rudimentary
ruga wrinkle
rugiada dew
rumore (*m*) noise; rumour
rumoreggiare to rumble; make a noise
ruota wheel
ruscello stream
ruvido (*adj*) rough
sabbia sand
sacchetto bag
sadico (*adj*) sadistic
saggezza wisdom
saggio (*adj*) wise
salatino salt cracker
saldamente (*adv*) firmly
salire to climb; go up
salotto lounge
salsa sauce
saltabeccare to hop
saltare to jump; jump over
salti mortali (*m.pl*) somersaults
salumi (*m.pl*) charcuterie
salutare to greet
salvadanaio money box
sanguinare to bleed
sanitario (*adj*) sanitary
sano (*adj*) healthy
sapere to know
sapienza knowledge; wisdom
sapone (*m*) soap
sarcofago sarcophagus; tomb
sarta dressmaker
sasso stone; pebble

sbaciucchiare to smooch; neck
sbagliare to make a mistake
sbagliato (*adj*) mistaken; wrong
sbaglio error; mistake
sbalordito (*adj*) astonished; stunned
sbarazzare to clear; rid
sbarrare to open wide
sbarazzarsi (di) to get rid of
sbarcare to land
sbattere to hit; bang
sbiancare to turn pale
sbilanciare to unbalance
sbilenco (*adj*) crooked
sbirciata glance
sbuffare to puff; snort
scacchi (*m.pl.*) chess
scacciare to drive away
scaffale (*m*) bookshelf
scagliare to hurl
scalare to scale; climb
scalata climb; ascent
scaldamuscoli legwarmers
scaldare to warm
scalpiccio shuffling
scalzo (*adj*) barefoot
scambiare to exchange; mistake
scampolo shred
scandire to scan; pronounce clearly
scansare to move round; avoid
scapola shoulder-blade
scappare to escape; run off
scappatoia way out; loophole
scappellotto cuff; slap
scaricare to discharge
scarno (*adj*) lean; skinny
scarto side-step
scarrafone (*m*) bug
scarpa shoe
scartocciare to unwrap
scassare to break
scatola box
scattante (*adj*) quick
scatto jolt; jerk
scavare to dig; excavate
scegliere to choose
scelta choice
scemo idiot
scempiaggine (*f*) stupidity
scempio havoc; ruin

162

**scendere** to descend
**schedario** filing-cabinet
**scheggia** splinter
**scheletro** skeleton
**scherzare** to joke
**schiacciare** to squash
**schiaffo** blow
**schiavitù** slavery
**schiena** back
**schifo** disgust
**schizzare** to squirt
**scia** wake
**sciabola** sabre
**sciabordio** splashing
**scialbo** (*adj*) wan; dull
**sciarpa** scarf
**sciatto** (*adj*) slovenly
**scimmia** monkey
**scintillare** to sparkle, shine
**sciocco** (*adj*) silly
**sciupato** worn out; past it
**scivolare** to slip
**scodella** bowl
**scodinzolare** to wag its tail
**scoglio** rock; crag
**scollare** to unstick; come apart
**scollo** neckline
**scolorito** (*adj*) discoloured
**scomparto** compartment
**scomodità** discomfort
**scomparire** to disappear
**scomposto** (*adj*) untidy; unseemly
**sconcertante** (*adj*) disconcerting; upsetting
**sconfinato** (*adj*) boundless
**scongiurare** to ward off; avert
**sconosciuto** (adj) unknown
**scontare** to deduct; pay for
**sconto** discount
**scontrino** receipt
**scontroso** (*adj*) surly; awkward
**sconvolto** (*adj*) upset; disturbed
**scopa** broom
**scopare** to sweep
**scoperta** discovery
**scoperto** (*adj*) uncovered
**scoppiare** to burst out; blow up
**scoprire** to discover
**scordarsi** to forget

**scorgere** to distinguish; make out
**scorrere** to flow; glance through
**scorza** skin; peel
**scossa** shock
**scostare** to push aside
**scostumato** (*adj*) rude
**scovare** to flush out
**scozzese** (*adj*) Scottish
**scremato** (*adj*) skimmed
**scricchiolare** to creak
**scrittoio** writing desk
**scrittore** (*m*) writer
**scrivania** writing desk
**scrollare le spalle** to shrug
**scrostato** (*adj*) peeling
**scrupolo** scruple
**scrutare** to scrutinise; scan
**scucire** to unstitch
**scudo** shield
**scuotere** to shake
**scuro** (*adj*) dark
**scusa** excuse; apology
**sdegno** disdain; contempt
**sdraiarsi** to lie down
**sebbene** (*conj*) although
**seccante** (*adj*) annoying
**secco** (*adj*) dry; sharp
**secondo** (*prep*) according to
**sedere** to sit down
**sedia** chair
**sedile** (*m*) seat
**seggiovia** chairlift
**segnale** (*m*) signal; transmitter
**segno** sign
**seguire** to follow
**selciato** paving; pavement
**selvaggina** wild game
**selvaggio** (*adj*) wild
**sembianza** appearance
**sembrare** to seem
**seme** (*m*) seed; semen
**seno** breast
**sensibile** (*adj*) sensitive
**sentimento** feeling
**sentire** to feel; hear
**seppure** (*conj*) even though
**sequestrare** to seize; kidnap
**serata** evening
**serietà** seriousness

serpente (*m*) snake
servitore (*m*) manservant
servo servant
seta silk
settimana week
sfilare to slip off; unthread
sfiorare to brush against
sfogare to let one's feelings out
sfogliare to unwrap; leaf through
sfollato evacuee
sforcato wretch
sformato shapeless
sfortunato (*adj*) unfortunate
sforzo effort
sfrontato (*adj*) impudent; cheeky
sfuggire to escape
sfumare to fade away
sgabello stool
sgabuzzino closet
sgargiante (*adj*) dazzling
sghignazzare to guffaw
sgomento dismay
sgradevole (*adj*) unpleasant
sgranare to open wide; shell
sgranchirsi (**le gambe**) to stretch one's
    legs
sguainato (*adj*) drawn; unsheathed
sguardo look; gaze
sgusciare to slip away; escape
sibilare to hiss
sibilo whistle; hiss
siccome (*conj*) since
sicuro secure; sure
sigla theme tune
significare to mean
significato meaning
singhiozzare to sob
sistemarsi to get settled
slip pants; bikini bottom
slitta sledge
sloggiare to move out
smagliante (*adj*) dazzling
smagrito (*adj*) grown thin
smania mania; wild enthusiasm
smarrimento bewilderment
smentire to deny; prove wrong
smetterla (**di**) to stop
smisurato (*adj*) immeasurable
smorfia grimace

smorto (*adj*) pale; wan
smozzicato (*adj*) mumbled
smunto (*adj*) wan; gaunt
snello (*adj*) slender
snodare to unknot; unwind
sobbalzare to jolt
soccorrere to assist; help
socievole (*adj*) sociable
soddisfacente (*adj*) satisfying
sofferenza suffering
soffermarsi to linger
soffiare to blow
soffice (*adj*) soft
sofficino filled pancake
soffitta attic
soffitto ceiling
soffocare to suffocate
soggettivo (*adj*) subjective
soggiorno stay
soggiungere to add
soglia doorstep; threshold
sognare to dream
sogno to dream
solcato (*adj*) ploughed; streaked
soldi (*m.pl.*) money
soleggiato (*adj*) sunny
solito (*adj*) usual
solitudine (*f*) loneliness
sollevarsi to rise
sollevato (*adj*) relieved
sollievo relief
soltanto (*adv*) only
somigliare to resemble
somma sum; amount
sommesso (*adj*) subdued
somministrare to give; administer
sonnambulo sleep-walker
sonno sleep
sonoro (*adj*) sonorous; resonant
sontuoso (*adj*) sumptuous
sopore (*m*) drowziness
soppiatto (**di**) (*adv*) stealthily
sopportare to bear; put up with
sopracciglia (*f.pl.*) eyebrows
soprassalto start; jump
soprattutto (*adv*) especially
sopravvivenza survival
sorbire to sip
sordo (*adj*) deaf

sorella sister
sorgere to rise
sorprendente (*adj*) surprising
sorpresa surprise
sorridere to smile
sorriso smile
sortilegio sorcery; magic
sospendere to hang; suspend
sospettare to suspect
sospetto (*adj*) suspicious; suspect
sospingere to drive; push
sospirare to sigh
sospiro sigh
sosta halt; pause; respite
sostare to stop
sostenere to maintain
sottabito slip; petticoat; skirt
sottana cassock; petticoat
sottecchi (*adv*) furtively; stealthily
sotterfugo subterfuge
sottile (*adj*) slender
sottolineare to underline
sottoveste (*f*) waistcoat; petticoat
sottovoce (*adv*) in an undertone
sottrarre to remove; take away
sovente (*adv*) often
sovrumano (*adj*) superhuman
sovrimpresso (*adj*) superimposed
spaccatura split; crack
spalancare to throw open
spalla shoulder; support
spalliera seat back
spallina shoulder pad; epaulette
spalmare to smear; spread
spalto embankment
sparare to shoot
spargere to scatter
sparire to disappear
sparso (*adj*) scattered
spavaldo (*adj*) bold; arrogant
spaventare to frighten
spazientarsi to become impatient
spazio space
spazzare to sweep
spazzatura rubbish
spazzolino small brush
specchio mirror
specie (*f*) kind; type
spedito (*adj*) fast; expeditious

spegnersi to go out; pass away
spennare to pluck
spento (*adj*) lifeless
speranza hope
spesa shopping
spese di (a) at the expense
spessore (*m*) thickness
spettante (*adj*) due
spettinato (*adj*) dishevelled; untidy
spiaccicare to squash; mash
spiacevole (*adj*) unpleasant
spiaggia beach
spiare to spy
spiccare to stand out
spiegare to explain
spillo pin
spina thorn; pain
spingere to push
splendore (*m*) brightness; splendour
spogliare to undress; strip
spoglie (*f.pl.*) remains
spolpare to pick clean
sponda side; bank
sporco (*adj*) dirty
sporgere stick out, protrude
sporta shopping bag
sportello door; counter
sposare to marry
sposi (*m.pl.*) husband and wife
sprangare to bolt
sprecare to waste
sprezzare despise
sprofondare to sink down
sprovvista (alla) (*adv*) unawares
sprovvisto (*adj*) lacking
spudorato (*adj*) brazen; shameless
spugna sponge
spulciare to scrutinise; deflea
spumeggiare to foam; froth
spuntare to peep out
spunto cue
sputare to spit
squamato (*adj*) scaly
squillante (*adj*) shrill; sharp
staccare to separate; detach
stagionale (*adj*) seasonal
stalla stable
stampare to print
stanco (*adj*) tired

stanza room
statistica statistics
stavolta (*adv*) this time
stecca bar; carton
stella star
stendere to spread out; hang out
stentare to have difficulty
stento hardship
stipendio salary
stoffa material; cloth
stonato (*adj*) out of tune
stoppa tow
storcere to twist
storto (*adj*) crooked
stracciare to tear up
straccio rag
stracolmo (*adj*) filled to overflowing
strambo (*adj*) odd; strange
strampalato (*adj*) odd; weird
straniero foreigner; stranger
strappare to tear off; tear out
strappazzare to beat; hit
strascico train
straziare to torture; tear part
stregare to bewitch
stretto (*adj*) narrow; close
striare to streak
stridio squeaking
strillare to shriek; yell
stringere to clasp; hold tight
strisciare to scrape; creep
strizzare (l'occhio) to wink
struggimento anguish
strusciare to drag
stucchevole (*adj*) cloying; sickly
stufa stove; heater
stufo (*adj*) fed up
stupirsi to be amazed
subire to undergo; suffer
succhiare to suck
succoso (*adj*) juicy; rich
sudare to sweat
sudicio (*adj*) dirty
sudiciume (*m*) filth
sudore (*m*) sweat
suggerimento suggestion
suocero father-in-law
suonare to ring; play
superare to exceed; overtake

superbo (*adj*) proud
superficie (*f*) surface
supplente (*m*) substitute teacher
supplicare to beg; plead
supplizio torment
supporre to suppose
surgelati (*m.pl*) frozen goods
suscitare to cause; give rise to
sussurrare to whisper
svanire to vanish
svedese (*adj*) Swedish
svegliare to awaken
svelto (*adj*) quick
svenire to faint
sventolare to wave; flutter
sventura misfortune
svergognato shameless
svestizione (*f*) undressing
svizzero (*adj*) Swiss
svogliato (*adj*) reluctant; unwilling
svolazzare to flap; flutter
svolgersi to happen; go on
svolta turning point
svuotare to empty
tabaccaio tobacconist
tacco heel
tacchino turkey
tacere to be silent
tacitamente (*adv*) tacitly
tagliacarte (*m*) paper knife
tagliare to cut
talmente (*adv*) so
talvolta (*adv*) sometimes
tappeto carpet
tappezzeria wallpaper
tardi (*adv*) late
tarlo woodworm
tartaruga tortoiseshell
tartina canapé
tasca pocket
tastoni, a (*adv*) groping
tattuato (*adj*) tattooed
tavola table
tecnicismo technicality
tedio boredom
tela beach towel
teleferica cableway
telo length of cloth
tema (*m*) theme; subject

**temere** to fear
**tempestoso** (*adj*) stormy
**tempia** temple
**temporale** (*m*) storm
**tenace** (*adj*) tenacious
**tenda** curtain
**tendere** to tend
**tenebra** darkness
**tenerezza** tenderness
**tentare** to try
**tenuo** (*adj*) tenuous
**teologo** theologian
**tergamino** small cooking pot
**terraneo** basement
**terrapieno** embankment
**terrazzo** balcony
**terzo** (*adj*) third
**teso** (*adj*) taut; tense
**testimonio** witness
**testimonianza** testimony; evidence
**tetro** (*adj*) gloomy
**tetto** roof
**tettoia** roofing
**ticchettio** ticking; clicking
**tiepido** (*adj*) tepid; lukewarm
**timidezza** shyness
**timore** (*m*) fear
**tintinnare** to tinkle
**tipografia** printer's
**tirare** to pull
**tisico** (*adj*) consumptive
**toccare** to touch
**togliere** to take away
**tondo** (*adj*) round
**tonfo** thud
**tonto** idiot
**torcersi** to writhe
**torcia** torch
**torneo** tournament
**torre** (*f*) tower
**torto** wrong
**torvo** (*adj*) grim
**torcersi** to writhe; twist
**tovaglia** tablecloth
**tovagliolo** napkin
**trabiccolo** wooden frame
**traboccante** overflowing
**traccia** trace
**trafelato** (*adj*) out of breath

**trafittura** piercing
**trama** plot
**tramonto** sunset
**trapassare** to cross over
**trappola** trap
**trapunta** quilt
**trasalire** to jump; start
**trasandato** (*adj*) shabby
**trascinare** to drag
**trasalire** to start
**trascorrere** to spend; pass
**trattare** to deal with
**trattenere** to hold back
**tratto** expanse; feature
**travasare** to pour out
**traversare** to cross
**travestimento** disguise
**treccia** plait
**tregua** truce
**tremare** to tremble
**tremolare** to shiver; quake
**tremulo** (*adj*) trembling
**trepidante** (*adj*) anxious
**treppiede** (*m*) tripod; stool
**tristezza** sadness
**troneggiare** to tower
**trovata** good idea; brainwave
**trucco** make-up
**tuffarsi** to dive; sink
**tuffo** dive
**turbamento** disturbance; anxiety
**turbare** to disturb; worry
**turchino** (*adj*) deep blue
**turrito** (*adj*) turreted
**tuta** overalls
**tuttavia** (*conj*) nevertheless
**tuttora** (*conj*) still
**ubriaco** drunk
**uccello** bird
**uccidere** to kill
**udire** to hear
**umore** (*m*) mood
**uncino** hook
**ungere** to oil; grease
**unghia** fingernail
**unguento** ointment
**urlare** to yell
**usare** to be in the habit of
**uscire** to go out

167

uso custom
vacca cow
vacillare to sway; stagger
vagabondo tramp
vago (*adj*) vague
vaiolo smallpox
valico crossing
valore (*m*) value
valutare to value
vantare to boast
vaporoso (*adj*) filmy; gauzy
vasca length (of swimming pool)
vassallo vassal
vassoio tray
vecchiaia old age
vecchietto little old man
veleno poison
vellutato (*adj*) velvety
velluto velvet
vena vein
vendicare to avenge
vendita sale
venditore (*m*) salesman
ventaglio fan
ventre (*m*) stomach
verdura green vegetables
vergine (*f*) virgin
vergognarsi to be ashamed
verificare to check
vermiglio (*adj*) vermilion
verniciare to paint
versione (*f*) translation
vertigine (*f*) dizziness
vestizione (*f*) robing
vetrata glass door
vetro glass
vetta peak, summit

viaggiare to travel
viaggio journey
viale (*m*) avenue
vicenda business; affair
vicinanza proximity
vicino neighbour
vicolo alley; lane
vigile (*m*) traffic cop
vile (*adj*) cowardly
villeggiante (*m*) holiday maker
vincitore (*m*) winner
violaceo violet
virgola comma
viscere (*f.pl.*) guts; intestines
viscido (*adj*) slimy
visiera visor; peak
viso face
vista sight
vistoso (*adj*) showy
vita waist
vivace (*adj*) lively
voglia desire; birthmark
volante (*m*) steering wheel
volata flight
volentieri (*adv*) willingly
volto face
vorticoso (*adj*) whirling; swirling
vuoto (*adj*) empty
zampa leg
zampetta claw
zampettare to pad
zanzara mosquito
zigomo cheek-bone
zingaro gypsy
zitella old maid
zitto (*adj*) silent
zucchero sugar